KINDERTEKENINGEN

IN ONTWIKKELINGSPSYCHOLOGISCH EN DIAGNOSTISCH PERSPECTIEF

Cahier van het Centrum voor Kinderpsychotherapie
K.U.Leuven

Aanhoudend stromen van beelden zegbaar
maken, beelden versmeltend met woorden
meer beelden dan woorden, wellicht

Mengeling van bewust en onbewust, gedachte
en emotie, kennis en dromerij, van intiemste
toevlucht en hunker om kenbaar te zijn

Opborrelend, gestadig voortgestuwd, vloeiend
of stokkend, uit een geheime smeltkroes
in een ondoorgrondelijke alchemie

Oorsprong van ideeën, gevoelens en daden
die hun bedding vinden, van de morgen
tot de avond en van de avond tot de morgen

Vluchtig, soms gestold, rimpeling in het
water tot stilstand gebracht als een
teken gemerkt in de stroming

Getekend

zegbaar

moment

S. Meykens
naar J. Royer

Simone Meykens en Gaston Cluckers

Kindertekeningen

in

ontwikkelingspsychologisch en diagnostisch perspectief

Acco Leuven / Leusden

Eerste uitgave: 1996
Tweede, herwerkte uitgave: 2000

Gepubliceerd door Uitgeverij Acco, Tiensestraat 134-136, 3000 Leuven (België)

Voor Nederland:
– *Uitlevering*: Centraal Boekhuis bv, Culemborg
– *Correspondentie*: Hamersveldseweg 86, 3833 GT Leusden

Omslagontwerp: Danny Juchtmans

Omslagillustratie: Tekening van Liesbet, 3 jaar en 8 maanden

D/2000/0543/17 NUGI 712 ISBN 90-334-4515-8

Inhoud

Angstfasen in de ontwikkeling:
tot 6 mnd: fysiologische angst (schrikreacties)
6 mnd - 2 j: separatieangst
2 j - 3,5 j: angst voor liefdesverlies
3 1/2 - 6 j: angst voor verlies lichaamsintegriteit
lagere school: faalangst
adolescentie: angst om overspoeld te worden

Woord vooraf

De voornaamste stimulans tot deze tweede editie ging uit van recente inzichten in psychodynamische aspecten van de ontwikkeling tijdens de fase van het prefiguratieve tekenen. In recente Franstalige literatuur (Tisseron; Haag) wordt uitgebreid stilgestaan bij het verwerven van de basisvormen van het tekenen en het belang daarvan voor de structurele opbouw van de persoon doorheen de ontluikende en groeiende symbolisatiemogelijkheden. Deze benadering beschrijft hoe het tekenen ingebed is in en bijdraagt tot de ontwikkelingstaak van separatie-individuatie die in dezelfde periode haar verloop kent.

Wijzelf hebben deze benadering ervaren als een belangrijke verrijking. In de vorige uitgave hebben we aan de hand van de visie van Abraham reeds meerdere aspecten van deze ontwikkelingsdimensie aangegeven, maar een beter begrip noopt ons er nu toe vroegere hypothesen aan te vullen en preciezer te kaderen in een evolutielijn. Het gedeelte over de ontwikkeling van het prefiguratieve tekenen werd daarom volledig herschreven.

Eenmaal de beslissing tot herwerken genomen was, bleken ook andere kleinere aanvullingen wenselijk, zodat we de hele tekst opnieuw ter hand genomen hebben. Het bleef daarbij de bedoeling verder te gaan in de gekozen richting. Zo kwam de klemtoon te liggen op aanvullen, nuanceren, verder expliciteren en waar mogelijk beter structureren. Deze 'facelift' bracht mee dat er doorheen de hele tekst wijzigingen zijn aangebracht.

We dachten er ook goed aan te doen een aantal extra illustraties toe te voegen. Voor het deel rond de ontwikkeling van het tekenen hebben we de illustraties beperkt tot het prefiguratieve tekenen. Aspecten van het latere tekenen komen ons inziens voldoende aan bod bij de analyses en interpretaties van de tekeningen die besproken worden in het kader van een diagnostisch proces. De illustraties die in dit kader werden toegevoegd, belichten het belang van de onderlinge volgorde van de tekeningen (Rudy) en de manier waarop wij met een combinatie van ontwikkelingspsychologische en dynamische hypothesen toewerken naar een totaalbeeld van het kind (Tom).

We willen hierbij onze dank betuigen aan allen die rechtstreeks of onrechtstreeks hebben bijgedragen tot het voltooien van deze tekst. Het ervaren enthousiasme in werkseminaries rond tekeningen en de dialectiek die daar ontstond, waren wederzijds helpend in het onderbouwen van intuïties en het expliciteren van interpretatieve processen. De aanmoediging en de reacties van collega's waren een welgekomen stimulans. Een extra woord van dank gaat hier naar Kris Breesch en Lieve Van Lier voor hun kritische lezing van een groot gedeelte van de tekst. Hun commentaar en aanvullende inzichten waren verhelderend en helpend.

Onze bijzondere dank gaat ook naar Kaat, Liesbet, Johan, Paul, Rudy, Günther, Tom en Céline.[1] De steeds weer verrassende expressievormen die kinderen in hun tekeningen weten te vinden, blijven ons onverminderd boeien. Het stilstaan bij de momentopnames waaraan wij mochten deelhebben, boort misschien ook voor anderen een extra bron aan die de hulpverlening aan kinderen in emotionele moeilijkheden ten goede kan komen.

1. Waar nodig werden namen gewijzigd en contextgegevens beperkt om de privacy van deze kinderen en hun gezin te beschermen.

Inleiding

Tekenen - samenspel + dimensies v.d persoonlijkheid

Tekenen is voor de meeste kinderen een vertrouwde en lustvolle vorm van expressie. Tekenende kinderen zijn een vanzelfsprekendheid. Toch is het wenselijk ook eens stil te staan bij de complexiteit van het tekenproces. Tekenen vereist immers een gecoördineerd samenspel van verschillende dimensies van de persoonlijkheid. In ieder geval heeft het tekenen heel wat raakpunten binnen het domein van de psychologie. Hierbij denken we onder andere aan volgende aspecten en vragen:

- de psychologie van de waarneming;
- de invloed van neurologische rijping op de visuomotorische coördinatie;
- de integratie van waarneming en picturale vormgeving;
- de evolutie van mentale beelden of representaties;
- de vertaling van mentale beelden (met zowel cognitieve als emotionele dimensies) in grafische schema's;
- de symboolvorming in het algemeen;
- de ontwikkeling van creativiteit en de plaats en het belang van fantasie, expressiviteit en differentiatie van symbolen in tekeningen;
- de plaats van visuele beelden en grafische voorstellingen ten aanzien van de ontwikkeling van het vermogen tot verbale en meer abstracte communicatie.

Het is binnen dit bestek niet onze bedoeling al die aspecten uitgebreid te belichten. We vernoemen ze om aan te geven dat het omwille van het vereiste samenspel van zoveel verschillende dimensies niet te verwonderen is dat tekenopdrachten een vertrouwd onderdeel vormen van het psychologisch onderzoek van kinderen. Tekeningen kunnen immers een toegang verschaffen tot meerdere lagen van de persoonlijkheidsontwikkeling. Maar het veelzijdige samenspel van allerlei invloeden geeft ook aanleiding tot een heel kritische instelling van heel wat onderzoekers. Hierbij dreigt een onvruchtbare tegenstelling tussen degenen die de klemtoon leggen op objectiveerbare en experimenteel vast te stellen aspecten van tekeningen en van het tekenproces en anderen die tekeningen vooral zien als het resultaat en de neerslag van fantasmatische en motivationele processen. We overlopen kort enkele belangrijke invalshoeken van waaruit kindertekeningen bestudeerd werden.

Aanvankelijk waren er vooral de pogingen om een *intelligentie- of ontwikkelingscoëfficiënt* te bepalen op basis van voltooide tekeningen (Goodenough, 1926). Het bleek echter niet mogelijk om van tekeningen een gelijkwaardige betrouwbaarheid te verwachten als van andere tests. E. Koppitz (1968, 1984) trachtte deze benadering verder te verfijnen, maar kwam tot de conclusie dat men vanuit tekeningen slechts tot een grove schatting van intelligentie kan overgaan.[1]

Dan was er het zoeken naar emotionele aspecten in kindertekeningen. Dit sluit sterk aan bij de traditie van psychoanalytische uitgangspunten (onder andere Machover, 1949). Een tekening wordt hier beschouwd als een soort *neerslag van de persoonlijke levensgeschiedenis* waaraan vorm gegeven wordt in een beeldtaal. Tekenen is een manier om speels en spontaan een voorstelling van de werkelijkheid te leren beheersen. Voorstellingsinhouden worden mentaal ter beschikking gehouden terwijl men ze vastlegt in grafische expressies, waaraan men zelf vorm en kleur verleent en waarop men zijn eigen stempel drukt. In die hoedanigheid is tekenen ook een sociaal aanvaarde en gestimuleerde manier om gestuurd vanuit eigen verlangens en aandriften te komen tot een soort dialoog met de werkelijkheid. Deze benadering is vooral psychoanalytisch georiënteerd.

Meer recent is de interesse om via verfijnd *experimenteel onderzoek* zicht te krijgen op het verloop van het *tekenproces* met onder andere de problemen van planning en uitvoering. Freeman (1987) ziet het als volgt:

> "Making a graphic representation involves solving several problems. The child has to a) form a mental representation of the thing to be represented, b) use that description in guiding a graphic plan of action, and c) select from amongst a list of types of marks, and from a battery of drawing devices, those which will be most informative. Experimentation can show which of the three factors the children find most difficult to coordinate with the others. (...) Young children find it difficult to select that particular structural description which will most efficiently guide their drawing plan. This is shown by certain patterns of variability and stereotypy in their products." (p. 149)

Via deze onderzoeken kwam men bijvoorbeeld tot de bevinding dat sommige experimenten van Piaget ontoereikend zijn als maat van het begripsniveau van kinderen: *kinderen hebben vaak een beter begrip van de werkelijkheid dan ze adequaat in de vorm van een tekening kunnen vertalen.*[2] Het komt er dus op aan onderscheid te maken tussen begripsvermogen en expressievermogen: de beschikbare mentale voorstelling kan dus beter zijn dan een tekening laat vermoeden.

Wij willen tekeningen benutten in het kader van een diagnostisch proces. Onze aandacht zal gaan naar de affectieve processen die meespelen bij het tekenen en naar de neerslag van meer fundamentele fantasmatische en motivationele processen in de voltooide tekening. Deze processen willen we niet los-

1. Zie ook Royer (1995) en Cox (1993).
2. Zie Freeman & Cox (1985); Thomas & Silk (1990).

koppelen van andere aspecten als de cognitieve ontwikkeling, maar we willen juist voeling krijgen met hun onderlinge wisselwerking. Daarbij beschouwen we de bevindingen omtrent tekenstrategieën als grenzen waarbinnen verdere interpretaties zich moeten situeren. Thomas en Silk (1993) formuleren het zo:

> "Erkennen dat het maken van een tekening een complexe activiteit is, betekent dat er voor een rationele interpretatie van wat tekeningen zeggen over de emotionele of intellectuele toestand van de tekenaar, ook aandacht moet worden besteed aan constructieprocessen. Freeman (1972) wees erop dat sommige meer opvallende kenmerken van tekeningen van jonge kinderen een bijproduct zouden kunnen zijn van tekenstrategieën, en niet zozeer een weerspiegeling zijn van ideeën die een kind heeft over het getekende onderwerp. Het is duidelijk dat de strategieën die kinderen gebruiken bij het maken van een tekening op zichzelf interessant zijn, omdat ze iets zeggen over de ontwikkeling van representationele schema's en over plannings- en organisatievaardigheden. *Daarbij komt dat een begrip van de effecten van die strategieën ook noodzakelijk is voor een goede interpretatie van een tekening, wat de emotionele of conceptuele inhoud ervan betreft.*" (p. 66-67, eigen cursivering)

Maar de kinderlijke tekenstrategieën zijn tegelijk ook het resultaat van motivationele invloeden op het moment van het tekenen. Vanuit een bepaald project worden voorstellingen opgeroepen en benut. Tekeningen kunnen nooit een uitputtende weergave zijn van mentale beelden. Net als het leven zelf zijn deze beelden multidimensionaal en ze krijgen pas vaste vorm door de intentionaliteit waarmee ze op een bepaald ogenblik in functie van een taak, een wens of een fantasie worden opgeroepen.

Uit deze veelheid *zullen we vooral de expressieve aspecten bekijken en eventueel de projectieve verwijzingen naar de belevings- en representatiewereld van het kind.* De tekenstrategieën en de in een tekening gerealiseerde voorstellingen zullen we dus niet op de eerste plaats beoordelen naar hun conceptuele adequaatheid.

Voor een diagnostische benadering van de belevingswereld van het kind willen we vooral gebruikmaken van een *hermeneutische werkwijze.* Het samengaan van bevindingen en inzichten vanuit verschillende invalshoeken vormt daarbij de basis voor het formuleren van werkbare hypothesen omtrent waarschijnlijke verbanden tussen de belevingen en de leefwereld van het kind. Het complexe werkveld van de diagnostiek van kinderen met emotionele moeilijkheden vereist een methode die toelaat diverse gegevens op een samenhangende en overtuigende manier te integreren. Van belang is zowel een totaalbeeld als een situering van genuanceerde deelhypothesen binnen een grotere 'Gestalt'. Concreet betekent dit dat de interpretaties vanuit verschillende tekeningen en invalshoeken onderling verbonden moeten worden. Deze bevindingen worden dan verder getoetst op punten van overeenkomst met andere onderzoekselementen en op verbanden met vroegere en actuele contextgegevens. In dit zoeken kunnen zowel cognitieve evaluaties als inzichten vanuit experimentele hoek relevante elementen aanreiken. Wij zullen onze bevindingen vooral confronteren met psychodynamische inzichten in de emotionele ontwikkeling en de verstoringen die hierbij kunnen optreden.

In een eerste deel staan we uitgebreid stil bij de wijze waarop de algemene emotionele ontwikkeling zich manifesteert in de evolutie van het tekenen. De eerste ontwikkeling van het tekenen situeert zich binnen de leeftijdsperiode waarin de ontwikkelingstaak van separatie-individuatie centraal staat en zijn verloop krijgt. We zullen dan ook gaandeweg, aansluitend bij opeenvolgende stappen in het tekenen, illustreren hoe aspecten van deze dynamiek weergegeven worden in de getekende lijnen en vormen. Het tekenen is in dit stadium nog grotendeels prefiguratief. De grafische symbolisatiemogelijkheden zijn nog in opbouw. Het beginnend tekenen blijkt daarin een belangrijk aandeel te hebben. Deze functie van het kribbelen en tekenen wordt benadrukt in recente, vooral Franstalige literatuur. Op basis van deze nieuwe inzichten werd de bespreking van het prefiguratieve tekenen grondig herwerkt.

Wanneer tijdens de verdere ontwikkeling symbolisatiemogelijkheden vlot beschikbaar worden en in een normaal ontwikkelingsverloop ook voortdurend mee evolueren, zullen we onze aandacht vooral richten op de stappen van differentiatie en toenemende rijkdom van de figuratief steeds meer herkenbare voorstellingen. We zullen daarbij trachten te expliciteren hoe aspecten van vormgeving en inhoud kunnen verwijzen naar psychische processen en verworvenheden. Het is vooral dit niveau van tekenen waaraan we spontaan denken wanneer er sprake is van het diagnostisch gebruik van kindertekeningen.

In een tweede deel zullen we dan uitwerken hoe een hermeneutisch verantwoorde diagnostische benadering van kindertekeningen kan verlopen. Diagnose wordt daarbij niet beschouwd als het zoeken naar een statisch beeld van het kind. De opgelegde tekentaken zijn gericht op het installeren van een soort minirealiteit waarin allerhande processen van betekenis geven of vermijden aan de orde zijn. Binnen dit omlijnde kader verkennen we de kernthema's van de beleving. We zijn vooral geïnteresseerd in het onderkennen van copings- en afweerprocessen die zowel in het verloop en de kenmerken van de vormgeving als in de schommelingen van de relationele verstandhouding met de onderzoeker tot uitdrukking komen. We omschrijven dit als 'procesdiagnostiek'. Daarna geven we uitgebreid aandacht aan de samenstelling van een batterij en aan de bijdrage van verschillende invalshoeken voor de analyse en de uiteindelijke interpretatie van de kindertekeningen.

Tot slot willen we in een derde deel aan de hand van concrete voorbeelden ons denkkader en onze werkwijze verder illustreren.

Deel I

De ontwikkeling van het tekenen als referentiebasis voor diagnostiek

Een eerste basis voor het beoordelen en benutten van kindertekeningen in diagnostisch perspectief is een gedifferentieerd inzicht in de evolutie van het tekenen. Opvallende afwijkingen van het normale ontwikkelingsverloop zijn immers een eerste aanzet om een globale vraagstelling te concretiseren.

Vanuit inhoudelijk standpunt kunnen we twee grote fasen onderscheiden, namelijk de periode van het kribbelen of het prefiguratieve tekenen en daarna de periode van het figuratieve tekenen, die veruit de meeste aandacht heeft gekregen.

Als aanvulling op een cognitieve en emotionele benadering van kindertekeningen is men ook meer aandacht gaan geven aan de ontwikkeling van tekenstrategieën om meer inzicht te verwerven in de factoren die op de voorgrond staan bij het totstandkomen van een tekening. Zo kunnen elementen van planning en aanpak bepalend zijn voor de figuratieve uitwerking van een tekening en kan het belang van emotionele factoren overschat worden (Freeman, 1980, 1985). Om bij te dragen tot de afbakening van een zinvolle basis voor verdere interpretaties leek het ons wenselijk om vooraf stil te staan bij enkele opvallende ontwikkelingskenmerken van tekenstrategieën bij de eerste figuratieve tekeningen. Daarna zullen we overgaan tot een meer gedifferentieerde bespreking van de ontwikkeling van het tekenen, met vooral aandacht voor affectieve factoren.

1. De ontwikkeling van tekenstrategieën

Freeman (1980, 1985, 1987) heeft in dit domein heel wat minutieus en boeiend onderzoek verricht. Wij zullen hier niet ingaan op de inhoud en opzet van de experimenten maar ons beperken tot het weergeven van conclusies en inzichten die ons met het oog op diagnostiek relevant lijken.[1] Het betreft hier kenmerken van tekeningen van kinderen tot 7 jaar.

1. De geïnteresseerde lezer verwijzen we naar het boek van Thomas en Silk (1990) die in hoofdstuk 5 en 6 een zeer toegankelijk overzicht bieden.

Freeman benadrukt dat elke lijn op het papier een stap is naar expressie maar tevens een beperking voor elke volgende lijn. Er zijn niet alleen verschillende visuele strategieën om tot een voorstelling te komen, maar ook verschillende probleemoplossende tekenstrategieën die niet alle even efficiënt zijn. *Als kinderen fouten maken in een tekentaak, is dat* volgens hem dus *geen synoniem van een foute voorstelling.* Kinderen hebben vooral minder gedifferentieerde strategieën om voorstellingen op te roepen en om ze systematisch op te roepen in functie van het gestelde doel. Ze kunnen reeds een meer gedifferentieerd inzicht hebben in ruimtelijke processen vooraleer ze dit in een tekening tot uiting kunnen brengen. Zo wordt bijvoorbeeld volgens Freeman het niveau van de vloeistof in een schuin gehouden fles verkeerd getekend omdat het kind dit niveau *parallel* aan de bodem van de fles blijft tekenen (Freeman, 1980). Kinderen doen vaak te veel mentale arbeid in plaats van te weinig. Ze hebben dus niet de goede strategie ter beschikking om de relevante 'cues' in de goede volgorde uit te kiezen, met andere woorden: ze kunnen hun kennis niet bruikbaar maken.

Hoe boeiend deze experimentele benadering ook is om denk- en vormgevingsprocessen op verschillende leeftijden te leren kennen, het blijkt voorlopig niet de eerste bekommernis van deze onderzoekers om de verkregen inzichten te verwerken tot een samenhangend beeld van deze objectiveerbare ontwikkelingsaspecten van kindertekeningen. Daarom zetten we hier een aantal van deze inzichten op een rij omdat ze anders wat verloren dreigen te gaan in ons verder overzicht van de ontwikkeling van kindertekeningen. Een vraag die ons hierbij bezighoudt, is *hoe het kind de ruimte van zijn tekenblad structureert.* Tekeningen van kinderen jonger dan 7 jaar vertonen een aantal specifieke kenmerken.

- De tekening is over het algemeen nog niet schetsmatig met min of meer vloeiende contouren weergegeven maar opgebouwd door een samenvoeging van verschillende meetkundige figuren (Fenson, 1985). Dit samenvoegen van eenvoudige lijnen en vormen stelt *specifieke constructieproblemen;* hun onderlinge combinatie moet immers gepland worden (Thomas & Silk, 1990, p. 73).

- In de tekeningen krijgt de structuur van voorwerpen voorrang op het gezichtspunt van waaruit getekend wordt. Kinderen zijn geneigd te tekenen wat ze weten en niet zozeer wat ze zien. Freeman spreekt van een *canonieke representatie.* Hij bedoelt hiermee dat kinderen het gezichtspunt kiezen van waaruit we de meest relevante informatie verkrijgen omtrent een voorwerp. Zo worden een mens en een huis doorgaans in vooraanzicht getekend; een paard en een auto doorgaans in zijaanzicht. Deze jonge kinderen bekommeren zich nog niet over eventuele conflicten tussen gezichtspunten: het paard wordt van opzij getekend, de man erop in vooraanzicht.

  Freeman spreekt van een *'canonical bias'* als een, in de ogen van het kind, wezenlijk kenmerk ook getekend wordt als het niet zichtbaar is vanuit de gekozen invalshoek: een tas wordt steeds met een oor opzij getekend, ook als het kind dat oor niet kan zien. Anderzijds zouden deze kinderen wel *context-gevoelig* zijn. Wanneer ze twee kopjes moeten natekenen waarvan er één met het oor naar achteren gekeerd staat, dan wordt in hun tekeningen één oor weggelaten om het verschil aan te geven. Deze contextgevoeligheid was het grootst bij de 5- à 6-jarigen. De 4-jarigen bleven beide kopjes met een oor tekenen.

- Om *het probleem van transparantie* in kindertekeningen uit te zuiveren heeft Freeman onderscheid gemaakt tussen twee vormen van transparantie. Soms willen kinderen inderdaad aangeven dat één voorwerp zich bevindt in een ander voorwerp (baby in moeders buik). Maar in andere gevallen wordt een indruk van transparantie gewekt bij gebrek aan adequate schema's om weer te geven dat één voorwerp zich bevindt achter een ander: zo worden de benen van een persoon achter een kast door het kind over de kast heen getekend. Freeman heeft nog verder uitgezocht hoe kinderen differentiëren tussen voorwerpen die achter elkaar geplaatst zijn en voorwerpen die in elkaar geplaatst zijn.[2] Jonge kinderen geven doorgaans niet weer dat één voorwerp gedeeltelijk verborgen is achter een ander voorwerp. Meestal zetten zij het achterste voorwerp verticaal boven het voorste, soms ook horizontaal ernaast. Zij tekenen wel telkens volledige voorwerpen en grijpen dus gemakkelijk terug naar een canonieke representatie. We herkennen hier een parallel met vroegere problemen met objectpermanentie die zich blijken te herhalen op dit meer abstracte vlak. Dat kinderen 'erachter' meestal weergeven door erboven, betekent vanzelfsprekend niet dat men deze conclusie ook kan omkeren: erboven betekent niet steeds erachter.

De ontoereikende schema's om het *probleem van de verborgen lijnen* op te lossen, hebben ook invloed op menstekeningen: kinderen tot 7 jaar tekenen geen overlappingen. Als eerst een hoofd met lange haren getekend wordt, dan is de plaats voor armen reeds bezet en worden deze doorgaans weggelaten. Cox (1993) meent dat ook hier de voorkeur voor een canonieke oriëntatie ertoe bijdraagt dat elk lichaamsdeel zoveel mogelijk in een eigen ruimte wordt weergegeven.

- Wat *de richting van de lijnen* betreft, hebben jonge kinderen een voorkeur voor symmetrie en voor lijnen die loodrecht staan ten overstaan van elkaar. De verticale dimensie wordt eerder beheerst dan de horizontale. Freeman spreekt wat dit betreft over een *verankeringseffect*. De verticale uiteinden en vooral de bovenste pool krijgen voorrang. De schuine richting is het moeilijkst. Sommige tekeningen zijn misleidend voor de beoordeling van de beheersing van de schuine lijnen: de schuine schouw op een driehoekig dak is niet schuin bedoeld, maar is loodrecht op de richting van het dak. Hetzelfde effect zien we in menstekeningen waarbij de romp als een driehoek werd ge-

---

2. Zie ook I.2.2.3.

tekend: armen worden dan niet opzettelijk schuin naar omhoog gericht, dit is slechts een neveneffect van loodrecht op de zijkant van de romp. Bij Beery[3] vinden we nog interessante aanvullingen aangaande de beheersing van de tekenrichting. Jonge kinderen (tot 6 jaar) tekenen vanuit een *egocentrisch referentiepunt: het eigen lichaam is het centrale referentiepunt.* Een cirkel wordt van onderen naar boven getekend, vertrekkend van en weg van het eigen lichaam. Oudere kinderen beginnen een cirkel bovenaan. Dit egocentrisch referentiepunt brengt ook mee dat het tekenen van een kruis of het kruisen van de middellijn aanvankelijk problemen stelt. Jonge kinderen lossen dit op met een onderbreking in het midden: de horizontale lijn wordt vanaf de linkerkant naar de verticale middellijn toe getekend en aan de rechterkant weg van deze middellijn. Richting wordt hier dus vertaald in naar mij toe of van mij weg en nog niet in categorieën als onder/boven, voor/achter.

Het is ook duidelijk dat *hoeken* voor kinderen moeilijk te tekenen zijn omdat er daar van richting veranderd moet worden. Als het kind dan de gemiste aansluiting tussen twee lijnen wil verhelpen, ontstaat er via uitschieters en correcties soms een opstapeling van een soort hoeken. Beery noemt dit het tekenen van 'ezelsoren'.

Beery geeft bovendien degelijk gefundeerde overzichten van de opeenvolgende stappen die kinderen van verschillende leeftijden doorlopen bij het tekenen van 24 geometrische vormen. We kunnen dus voor deze vormen, die gaan van zeer eenvoudig tot ingewikkeld (beginnend van lijn, cirkel, kruis, diagonaal, vierkant enzovoort), nagaan vanaf welke leeftijd zij doorgaans verworven zijn.

- Wat de *planning* betreft, zegt Freeman dat bij jonge kinderen de *grootte van de tekeningen* onder andere bepaald wordt door de hoeveelheid details die ze voorzien te moeten tekenen. Vanuit onze eigen invalshoek zijn we echter geneigd dit punt wat te relativeren: wanneer een kind veel details wil tekenen in het gelaat bijvoorbeeld, dan is dit ons inziens toch ook een weerspiegeling van het belang dat aan het gelaat gehecht wordt. Ook Cox (1993) is de mening toegedaan dat planning en emotionele factoren complementair werkzaam kunnen zijn.

2. Algemeen overzicht van de ontwikkeling van het tekenen

In verschillende fasen van hun ontwikkeling worden kinderen aangesproken door verschillende aspecten van hun omgeving en zijn er andere accenten in hun affectieve ervaringen. Hoe verder men teruggaat in de eerste ontwikkeling, des te moeilijker is de omschrijving van de belevingen van het kind. Het gaat dan immers over ervaringen op zo'n basaal niveau dat men nauwelijks

3. Beery, K.E. (1989). The VMI. Developmental test of Visuo Motor Integration. Met dank aan E. Vandenbussche, die ons deze test signaleerde.

kan spreken van een ervaring omdat dit reeds een vorm van bewustzijn veronderstelt. Aanvankelijk zijn het de lichaamsfuncties zelf en de motoriek die doorheen interacties met de omgeving tot lustvolle en andere sensaties aanleiding geven. Dergelijke sensaties worden ook nagestreefd of vermeden zonder dat het kind er zich vooraf of achteraf iets van kan voorstellen. Dit voorstellingsvermogen ontstaat pas later en verloopt via beeldvorming en taal (Tisseron, 1995, 1996, 1997; Lecours & Bouchard, 1997). Diezelfde ontwikkelingslijn komt ook in het tekenen tot uiting. Vertrekkend van sensaties die het kribbelen vergezellen, evolueert het kind via het tekenen van eenvoudige vormen naar steeds verder gedifferentieerde figuratieve voorstellingen. Aansluitend bij deze ontwikkeling wordt in recente Franstalige literatuur (Tisseron, 1995, 1996, 1997; Haag, 1995, 1996) de verschillende dynamische betekenis beklemtoond van de fase van het beginnend tekenen en de daaropvolgende fase van het figuratieve tekenen.

De fase van *het beginnend tekenen* wordt ook vaak de fase van het prefiguratieve tekenen of het kribbelstadium genoemd. Tisseron (1995b, 1996b) meent echter dat dergelijke benamingen te veel benadrukken wat dit tekenen nog niet is. Volgens hem werd lange tijd te eenzijdig de klemtoon gelegd op het achterhalen van inhoudelijke betekenissen van tekeningen. Deze werden ook vooral geschetst tegen de achtergrond van de driftontwikkeling (oraal, anaal, fallisch, oedipaal...) die tot uiting komt in de evolutie en opeenvolging van symbolische inhouden. Hij benadrukt dat het tekenen een dubbele functie heeft. Elke tekening is via haar figuratieve dimensie steeds drager van betekenis. Maar anderzijds reikt elke tekening ook een schakel aan in de voortschrijdende symbolisatiemogelijkheden. Op die manier is een tekening tevens een *bouwsteen voor de verdere structurele opbouw van de persoon* (Barbey, 1996). Het kind moet dus niet alleen de *basispatronen* voor het tekenen verwerven, maar ook de *basisprocessen* die het verder verfijnen van de vormgeving en het verlenen van betekenis aan deze vormen mogelijk maakt.[4] Beide functies zijn complementair, maar *aanvankelijk staat de opbouwfunctie op de voorgrond* omdat de basiscapaciteit tot symbolische zelfexpressie nog vorm moet krijgen. Tisseron vindt het daarom een belangrijke aanvulling om ook 'het vestigen van de basisoperaties van het psychisch functioneren' doorheen de tekenactiviteit meer inzichtelijk te maken. Deze invalshoek draagt ons inziens bij tot een beter begrip van de soepele overgang van gekribbelde basisvormen naar echte symbolisatie en bewuste betekenissen.

Wanneer later bij het *figuratieve tekenen* de symbolisatiemogelijkheden verworven zijn, kan men de functies van expressie en structurering nog nau-

4. Tisseron beschrijft het verfijnen van de vormgeving of de uitwerking in termen van 'transformatie'. De groeiende differentiatie van de betekenis die de getekende vormen krijgen, beschrijft hij in termen van 'containment'. Deze processen laten ons inziens een beter begrip toe van de manier waarop lijnen evolueren tot drager van en expressiekanaal voor betekenissen. Zie ook: Bion, cit. in Tisseron; Lecours & Bouchard (1997); Vandamme (1999).

welijks onderscheiden. Hoewel zij steeds complementair werkzaam zullen blijven, komt nu de *functie van expressie op de voorgrond* te staan. Bij de bespreking van het meer geëvolueerde tekenen zullen we bijgevolg onze aandacht vooral toespitsen op de inhoudelijke betekenissen.

2.1. Het beginnend tekenen

Volgens Tisseron (1995b, 1996b) vertrekken sommige auteurs, zoals Kellog (1969), van een gereduceerde kijk op het verwerven van de basisvormen, als zou het kind de basisvormen eerst als puzzelstukjes moeten verwerven om ze daarna gericht bijeen te brengen in functie van de beoogde voorstelling. Ook Cox (1993) vond geen bevestiging voor deze visie van Kellog en evenmin voor de beschreven volgorde waarin de basisvormen beheerst zouden worden. Bovendien worden niet alle door Kellog aangegeven stappen afzonderlijk ingeoefend door alle kinderen. Het meest overtuigend vond Cox de vaststelling dat kinderen of volwassenen die nooit getekend hadden, niet noodzakelijk eerst de basisvormen moesten inoefenen vooraleer ze een figuratieve tekening konden maken. Dit toont ons inziens aan dat symbolisatiemogelijkheden en voorstellingsmogelijkheden die langs andere kanalen verworven werden, ook bruikbaar zijn voor het tekenen.

Zowel Haag als Tisseron wil de aandacht vestigen op het ontstaan van de *eerste lijnen en vormen die inhoud en betekenis krijgen terwijl ze ontstaan.* Ook wij zullen onze bespreking van de tekenontwikkeling hier aanvatten en samen met Tisseron en Haag aandacht besteden aan de cruciale processen die tijdens deze fase plaatsgrijpen. Hoewel beiden theoretisch verschillende accenten leggen, zullen we deze niet verder uitdiepen en ze slechts aangeven waar dit voor onze uiteenzetting wenselijk blijkt. Wij zullen onze aandacht vooral toespitsen op het samenbrengen van hun wederzijds aanvullende beschrijvingen en inzichten betreffende het ontwikkelingsverloop van kindertekeningen tot de leeftijd van 3 jaar. Wij zijn er ons van bewust dat het verhelderen van hun visie op de betekenis van het beginnend tekenen geen eenvoudige zaak is. Degenen die onze benadering van deze fase als te detaillistisch of speculatief ervaren, kunnen zich beperken tot het overlopen van de grote lijnen van de uiteenzetting en wat meer stilstaan bij de aanvullende illustraties. Daarna zal uitgebreid aandacht besteed worden aan de evolutie van het figuratieve tekenen dat meer onmiddellijk relevant is en ook centraal staat bij het diagnostisch werken met kindertekeningen.

Haag (1990) benadrukt dat inzicht in de bijdrage van tekenactiviteiten aan de opbouw van de persoon een belangrijk kader kan aanreiken voor het therapeutisch werken met psychotische of autistische kinderen. Bij dergelijke stoornissen werden deze structuurbrengende ontwikkelingsstappen immers niet of slechts gedeeltelijk gerealiseerd. Een preciezer begrip kan hier een middel aanreiken om ook minieme stappen van herstel in een evolutielijn te situeren en te stimuleren. Tegen die achtergrond wordt kribbelen meer dan nog niet tekenen en wordt ook het latere teruggrijpen naar kribbelen meer dan een element van afweer in het vermijden van inhoudelijke expressie. Veel van Haags inzichten zijn gerijpt doorheen haar klinisch werk met zwaargestoorde kinderen, bij wie de evolutie veel trager verloopt en daarom ook beter waarneembaar is.

2.1.1. Tussen 6 en 18 maanden

Het eerste tekenen ontstaat door exploratie met de vinger in contact met allerhande materialen, bijvoorbeeld gemorste dingen uitsmeren. In het verlengde hiervan komt het tekenen met potloden tot stand. Volgens Tisseron (1995a) komen deze eerste sporen en kribbelingen toevallig tot stand en heeft de baby er geen enkele interesse voor. Als hij ze al bekijkt, blijft elke emotionele reactie uit.

In deze periode begint het kind een verband te ontdekken tussen de beweging met een potlood en een spoor dat op het blad verschijnt. Aanvankelijk is het kind echter nog niet in staat om visuele controle uit te oefenen over zijn beweging, noch over het spoor dat het tekent. De grafische activiteit verloopt nog in twee opeenvolgende fasen. Eerst voert het kind een beweging uit en pas achteraf ontdekt het dat dit een spoor heeft nagelaten. Deze ontdekking vervult het kind met grote vreugde (Tisseron, 1995a, b, en 1996a, b).[5] In een eerste fase is er dus de motorische beweging, en daarna is er de visuele opname van deze beweging. Belangrijk is dat het kind intentioneel sporen en lijnen teweegbrengt, zonder deze visueel te sturen, en daarbij geïnteresseerd raakt in wat het produceert. Tisseron maakt onderscheid tussen *'contactsporen'* en *'lijnen'*. De sporen die met een besmeurde vinger op een blad worden aangebracht en indrukken die in weke oppervlakken als boter of plasticine worden nagelaten, getuigen dat er een gedeeld contact heeft plaatsgehad tussen vinger en materie. Daarnaast zijn er de echte lijnen. In deze fase zijn dat volgens Tisseron *weggaande lijnen* als resultaat van de beweging van één of andere hand die zich verwijdert van de centrale as van het lichaam: de rechterhand trekt lijnen naar rechts, de linkerhand naar links. Hoewel de arm zich daarbij heen en weer moet bewegen, krijgt enkel de weggaande beweging een inscriptie op het papier. Haag (1996) is minder duidelijk omtrent de eerste lijnen. Zij spreekt van een mogelijke korte periode van schuchtere, korte fijne trekjes.

Tisseron geeft benaderende leeftijden aan voor het totstandkomen van bepaalde lijnen en vormen. Haag (1995, 1996) beschouwt heel de periode tot 3 jaar meer in haar totaliteit. Zij beschrijft een aantal soorten lijnen en tekens die zowel opeenvolgend als gelijktijdig kunnen ontstaan. Deze lijnen en te-

5. We herkennen hier een stap in het verwerven van objectpermanentie.

kens brengt zij in verband met het bereiken van bepaalde mijlpalen of *structurerende bakens*[6] in de evolutie en de verdere ontplooiing van de capaciteit tot symboolvorming.

2.1.2. Tussen 18 en 24 maanden

In deze periode komt *de echte evolutie van het tekenen* op gang, aldus Tisseron (1985, 1995b, 1996b). Volgens Wallon[7] kan men immers slechts spreken van een tekening vanaf het ogenblik dat de lijnen het motief zijn van de beweging, dit wil zeggen: van zodra het kind ontdekt dat er een verband is tussen zijn beweging en het nagelaten spoor. Vanaf de leeftijd van 18 maanden ontdekt een peuter dat het plaatsen van een potlood op een blad papier een grafisch teken nalaat. De verworven objectpermanentie (Piaget) draagt bij tot de verwachting en tot de zekerheid dat het potlood krabbels zal produceren. Het eerste experimenteren met lijnen is nog vormeloos en weinig georganiseerd. Het is vooral een oefenen van de oog-handcoördinatie. Tevens ontstaat nu de mogelijkheid tot visuele controle over gebaren. De lijnvorming zelf wordt nog niet visueel gecontroleerd. Wel volgen de ogen de hand, maar nog zonder de leiding te nemen. In deze fase is het belangrijkste kenmerk van elke grafische activiteit dat een motorische activiteit een neerslag krijgt op een blad papier en pas achteraf onderworpen wordt aan de blik van het kind (Tisseron, 1995a).

Haag (1996) leunt voor de bespreking van het beginnend tekenen sterk aan bij haar inzichten in het ontstaan van een lichaams-ik. Volgens haar is ook het lichaams-ik in zekere zin symbool of weergave van de allereerste relationele en identificatorische banden. Zo hebben de eerste gebaren van een baby altijd een uitgesproken ritmische component, die teruggaat op de ervaring van pre- en postnatale ritmische sensaties als hartslag, ademhaling, borstvoeding. Wallon[8] spreekt van een 'tonische dialoog' die in het huid-aan-huidcontact door druk, tegendruk en beweging vorm geeft aan de communicatie tussen moeder en kind. Maar deze sensaties kunnen slechts iets psychisch worden door het totstandkomen van relationele ritmes die deze biologische ritmes integreren en er een affectieve tonaliteit aan geven. Het ritmische aspect zal ook terug te vinden zijn in de eerste lijnen als in een soort van *motorische beelden* (of schema's) die een neerslag zijn van vroegere ritmische ervaringen en drager van de daarmee samengaande affectieve sfeer. Via de nagelaten sporen reiken de ritmische lijnen ook een mogelijke evocatie aan van het oorspronkelijke ritme, zowel aan het kind zelf als aan de toeschouwer. De eerste tekeningen zijn vooreerst en tegelijkertijd driftontlading en inspanning tot een afbeelding ervan. Via het zien slaagt het kind er dan in de afstand te overbruggen

---

6. Haag (1995, 1996) bespreekt dit in termen van het vestigen van verschillende 'grondlagen'.
7. Cit. in Tisseron (1995a, p. 119).
8. Cit. in Tisseron (1995b).

tussen een onmiddellijke sensomotorische ervaring en de neerslag ervan in lijnen die de basis aanreiken voor het vormen van voorstellingen.

Volgens Tisseron (1996b) is het essentieel dat het kind doorheen zijn grafische activiteit op een visueel waarneembare manier datgene tracht te bevestigen wat zich in zijn psychisme reeds heeft voorgedaan op een sensorische, affectieve, motorische manier. In de lijnen verifieert en bemeestert het kind wat zich voordien reeds in stilte heeft voorgedaan in zijn psychisme. Ook Haag (1995, 1996) vestigt er de aandacht op dat er wel degelijk een decalage is tussen het maken van lijnen en de eerste relationele ervaringen.[9]

Het verwerven van de basiscapaciteit tot zelfexpressie ontvouwt zich tijdens en tegen de achtergrond van de separatie-individuatiefase. Dit levert ook rechtstreeks een bijdrage tot het bemeesteren van de separatie dankzij het mogelijk maken van de voorstelling ervan. Haag (1990) beschrijft dit separatieproces in termen van de ontdubbeling van de ervaring van een gemeenschappelijke huid.[10] De weergave buiten zichzelf van het relationele ritme, in lijnen op een papier of een andere drager, veronderstelt volgens Haag een voldoende stabiele verinnerlijking van deze ervaring. Deze relationele dynamiek herhaalt zich ook in het beginnend tekenen. Ook daar komt er een loskoppeling (of separatie) tot stand tussen het aanvankelijk louter lichamelijk motorisch ervaren ritme en de neerslag of het beeld van ditzelfde ritme dat tegelijkertijd op het papier totstandkomt. Dit beeld spiegelt nog zeer sterk de oorspronkelijke ervaring maar wordt losgelaten en nadien visueel teruggevonden als een beeld dat de oorspronkelijke ervaring weer kan oproepen. Tisseron (1995b, 1996b) vermeldt de euforische reacties van kinderen bij het zien of terugvinden van de getekende lijnen.[11] Maar hij vestigt vooral de aandacht op de 'transformatie' die plaatsheeft bij het overbrengen van de relationele ervaringen naar het domein van het tekenen. Precies daardoor wordt het kind degene die de gebeurtenissen, met name het ontstaan van lijnen, veroorzaakt en er controle over verwerft.

Deze inscripties in het verlengde van motorische impulsen zijn nog geen symbolen, maar vormen er toch de basis voor. Tisseron spreekt in dit verband van *symbolische evocatie.* Volgens Arnheim (1956)[12] zijn deze sporen of kribbelingen geen 'representations' maar 'presentations' waarbij de motorische impuls sterk domineert. Deze eerste lijnen zijn dus niet gebaseerd op voorstellingen die eraan voorafgaan, maar het zijn de lijnen zelf die de mogelijkheid tot voorstelling mee tot stand brengen (Tisseron, 1996b).

---

9. Ook de latere figuratieve tekeningen kunnen orale, anale en latere thema's pas vorm geven nadat bijvoorbeeld de orale, anale ervaringen in voldoende mate aan de orde waren.
10. Haag verwijst hier naar het werk van D. Anzieu en het verwerven van de ervaring van 'le double feuillet'.
11. We herkennen hier ervaringen die ook in het verstoppertjesspel aan de orde zijn en die eveneens in verband gebracht worden met de ontwikkelingstaak van separatie-individuatie.
12. Cit. in Thomas & Silk (1990, p. 24).

We overlopen nu de *verschillende lijnpatronen* in de volgorde waarin ze meestal totstandkomen en geven daarbij beknopt aan hoe Tisseron en Haag deze lijnpatronen in verband brengen met ervaringen rond separatie-individuatie.

2.1.2.1. Vegende lijnen

Volgens Tisseron zijn de eerste lijnen allereerst een neerslag van elementen van het separatiethema, dat gaandeweg in het lijnenspel gesymboliseerd zal kunnen worden. Van zodra het kind opmerkt dat het spoor blijft nadat het gebaar beëindigd of verdwenen is, kunnen lijnen gebruikt worden om afwezigheid voor te stellen (Tisseron, 1985, 1995b, 1996b; Wallon: in Vuagnat, 1995). Hij schetst een parallel tussen het kunnen loslaten/achterlaten van een lijn en de ervaringen van losgelaten en achtergelaten worden in de dagdagelijkse realiteit.

Vanaf 18 maanden krijgt de *basiservaring van heen en weer* in relaties een neerslag in het tekenen van heen-en-weergaande of zigzaglijnen. Tisseron en Haag noemen dit *'vegende lijnen'*.[13] Natuurlijk heeft deze ontwikkeling ook te maken met neurologische en motorische rijping, maar ze kan daar volgens Tisseron niet toe herleid worden. Haag wijst op het belang van het *keerpunt* van deze vegende beweging, namelijk het punt waar deze lijn terugkeert om in een *continue beweging* te komen tot de aanzet van een volgende beweging. Volgens haar verwijst dit keerpunt naar het moment van ontmoeting of basale uitwisseling tussen moeder en kind in de ervaring van een gemeenschappelijke huid, waar het vinden van een grens en het ontdubbelen van moeder en kind mogelijk worden. Op dit punt wordt de ervaring teruggekaatst als door een spiegel. Precies omdat het teruggekaatste beeld nooit een perfecte weergave is van wat naar buiten gericht werd, ontstaat volgens haar de ruimte voor afgrenzing en daarna voor symbolisatie. Het is binnen deze ruimte (bepaald door het niet volledig samenvallen met de ander) dat de uitnodiging tot differentiatie instandgehouden en gestimuleerd wordt (Haag, 1995, 1996). In de oorspronkelijke ervaringen van het spiegelend contact wordt dus uit heel de houding van de moeder iets waargenomen van een terugzenden, aanvankelijk niet als iets dat komt van een afgescheiden persoon, maar als een motorisch beeld van ontspanning van de 'spanning' in een terugkerende lus (beweging). De terugkerende lijn zou slechts getekend kunnen worden door kinderen die voldoende de ritmiciteit van dergelijke vroege psychische uitwisselingen hebben kunnen ervaren.[14]

Haag onderscheidt twee vormen van deze vegende lijnen. Vooreerst zijn er de lijnen die heel dicht opeen gedrongen getekend worden als bij het kleuren en

13. 'Balayages'.

14. Doorheen dit proces kan de basis van de anderen die via het spiegelen ontdekt wordt, via introjectie ook in zichzelf geassimileerd worden, aldus Haag. Haag (1995) en Tisseron (1996a) bespreken het belang van de eerste lijnen en vooral de vegende lijnen in termen van het in beeld brengen en bemeesteren van processen van projectie en introjectie. We gaan daar niet verder op in.

alsof ze een substantie *opvullen tot een grondlaag* of een vorm. Daarnaast onderscheidt zij de lijnen volgens een *zaagtandpatroon.* Hier worden de lijnen meer uitgespreid getekend en zou de klemtoon liggen op een soort elasticiteit. Haag verbindt deze lijnen met het *uitbeelden van de differentiërende ervaringen van het spiegelend contact in de relatie tot de moeder.*

Tisseron gaat meer in op de relatie van spiegeling die eveneens reeds bij het kribbelen ontstaat tussen het kind en zijn blad papier en waarbij het blad als drager de spiegelende functie van moeder gedeeltelijk op een plaatsvervangende manier kan invullen. Ook Vuagnat en Maret-Cogeval (1996) gaan verder in op dit denkspoor:

> "Het blad als drager van lijnen is de bodem die ze onthaalt, die hun gewelddadige inscriptie toelaat, die ze bewaakt, stopt bij de bladrand, die ze begrenst en aldus terugzendt. Het is een bodem die het kind toelaat te herbeginnen, een oneindig geduldige bodem die het kind de tijd gunt om klaar te komen met zijn vegende lijnen." (p. 356, eigen vertaling)

Een kind dat daarentegen onvoldoende 'gedragen' (containment) werd in zijn eerste relaties, zal volgens Haag ook zijn vegende lijnen moeilijk kunnen begrenzen binnen de drager van het blad. Zij ziet het overschrijden van de grenzen van het blad als een heftig zoeken naar grenzen die onvoldoende werden ontmoet. Vuagnat en Maret-Cogeval verwoorden het aldus: waar de ontmoeting met de dragende moeder (containment) tekortschiet, kan men heftig gelanceerde lijnen zien die het blad overschrijden, het verscheuren in een wanhopig zoeken naar een bodem die standhoudt, die de lijnen verwelkomt en betekenis geeft. Aanvankelijk zouden de meeste kinderen een voorkeur hebben voor het tekenen op muren of een stevig bord. Later zou dit kunnen kaderen in het zoeken naar een ondoordringbaar oppervlak dat niet kan worden stukgemaakt door de eigen heftigheid.

Als het kind het maken van lijnen met zoveel concentratie en als een spel eindeloos herhaalt, dan moet dit wel iets heel bijzonders zijn, aldus Vuagnat en Maret-Cogeval. Dit bijzondere is het *vestigen en uitbouwen van symbolisatieprocessen,* dat een belangrijke impuls krijgt doorheen het eerste tekenen. Haag geeft daarbij vooral een beschrijving van de vegende lijnen als basis voor de voorstelling van differentiatieprocessen en het leren loslaten. Tisseron (1985, 1995b) neemt de draad ook iets verder in de ontwikkeling op wanneer de vegende lijnen ook een beeld kunnen aanreiken voor het overzien van het continu verloop van 'weg en terug' zoals dit beleefd werd rond separatiemomenten in de relatie met de moeder. Om dit te verduidelijken verwijst hij naar de analogie met het door Freud beschreven spel van zijn kleinzoon Ernst met een klosje garen. Hij gooide het klosje een tijdlang herhaaldelijk weg en trok het dan telkens met behulp van het draadje weer naar zich toe. Ernst begeleidde dit spel ook met de kreten 'weg' en 'terug'. Freud zag een verband tussen dit spel en het oefenen en leren overzien van de afwisseling tussen separatie en hereniging. Dit spel is volgens Tisseron eerder uitzonderlijk en daarom acht hij het van belang dat een vergelijkbaar patroon werkzaam blijkt in de beginnende tekenactiviteit van het merendeel van de kinderen. De vegende lijnen kunnen volgens Tisseron dus gezien worden als een weergave van en tegelijk een schakel in het *leren bemeesteren van het 'heen-en-weer'- of 'weg-en-terug'-thema.*[15]

We willen het thema van deze eerste heen-en-weer-lijnen niet afsluiten zonder ook stil te staan bij de *relationele context* waarin dit tekenen doorgaans totstandkomt. Dit eerste uitbeelden ontstaat aanvankelijk meestal nog in aanwezigheid van de moeder:

> "Deze tekeningen die verwijzen naar de periode van het eerste loskomen, worden bij voorkeur gemaakt in aanwezigheid van de moeder. Nog meer dan het spel richt de tekening zich tot de ander, zonder nochtans commentaar te vragen. Deze stilzwijgende maar aandachtige aanwezigheid van de moeder roept de paradox van Winnicott op, namelijk 'alleen zijn in aanwezigheid van iemand'. De afscherming tegenover overprikkeling die de moeder haar kind aanreikt door haar containmentfunctie, laat toe dat het kind dat kribbelt, aandriften kan transformeren in emoties." (Vuagnat & Maret Cogeval, 1996, p. 355, eigen vertaling)

Bovendien zijn deze lijntekeningen volgens Gardner en Wolf (1979) vaak nabootsingsspelletjes die ondersteund worden door gebaren en klanken. Tekens van anderen oefenen een speciale aantrekkingskracht uit en geven aanleiding tot speelse interacties: het kind is bijvoorbeeld geneigd zijn lijn in de nabijheid van die van de volwassene te tekenen of eroverheen. Ook het beurtelings iets tekenen is prettig en belangrijk als motivatie. Dit toont ons inziens dat het heen-en-weer-thema, terwijl het verinnerlijkt en bemeesterd wordt, intussen ook verder evolueert en leeftijdsadequate vormen aanneemt in de onmiddellijke interactie met de moeder. De vroegere heen-en-weer-ervaringen zijn dan op een symbolische manier mee opgenomen in de actuele interacties.

2.1.2.2. Het stippelen

Het stippelen ontstaat volgens Haag (1996) heel vlug na de vegende lijnen of zelfs gelijktijdig ermee. Doorgaans geeft men vooral aandacht aan het stippelen als een motorische vorm van *gedoseerd contact* nemen en weer loslaten, met het blad als drager. De ervaring van kunnen stoppen kan hiermee bemeesterd worden. Bij dit alles speelt het kijken een belangrijke rol (Barbey, 1996). Daardoor worden de nagelaten sporen gecontroleerd, gedoseerd, vastgehouden en eigent het kind zich de basiservaring toe die eraan ten grondslag ligt.

Volgens Haag zou het tekenen van stippen te maken hebben met ervaringen van binnendringen, die teruggaan op belevingen tijdens momenten van oog-

15. Zie ook Vandamme (1999).

contact. Doorheen een wederzijds penetrerend en zachtaardig oogcontact is een wederkerige ontmoeting met een bodem voor het contact mogelijk, wat groeibevorderend of 'verticaliserend' werkt in Haags terminologie. Wij denken hierbij vooral aan een bijdrage tot processen van differentiatie. In de getekende stippen zou er dan een condensatie plaatshebben van belevingen die verbonden zijn met een opening voor communicatie, met driftmatige penetratie en met de ontmoeting met een bodem. Bij autistische kinderen zou het stippelen slechts mogelijk zijn na een minimaal herstel van het oogcontact.

Haag meent dat het stippelen zowel kan verwijzen naar woedend, agressief contact nemen, als naar een stevige, beveiligende uitwisseling. Het kan ook zowel elementen van tederheid als van geëxciteerd of geërotiseerd contact oproepen. Wanneer het uitwisselingsproces via oogcontact niet harmonisch kon verlopen, dan kan het stippelen een agressieve toon krijgen en bijvoorbeeld gericht zijn op het doorboren van het blad.

Volgens Haag (1990) dient het tekenen van stippen een dubbel doel: ingesloten *binnen* contouren of grenzen verwijzen ze naar penetratie. Als schakel in de symboolvorming zullen stippen evolueren naar het tekenen van gelaatstrekken, knopen enzovoort, wanneer ze binnen een andere vorm geplaatst worden. Wanneer ze er *buiten* geplaatst worden, verwijzen ze vaak naar atmosferische of kosmische elementen als regen, sneeuw en sterren.

2.1.2.3. Gebogen lijnen en spiralen

Vanaf 18 maanden ontstaan ook afgeronde vormen. Het kind is hierbij nog steeds geneigd over het ganse blad te tekenen. Abraham (1979) verbindt de voorkeur voor ronde vormen met het orale moederbeeld dat het kind zich tijdens de voedingssituatie eigen maakt vanuit de ervaring van het 'ronde' van het aangezicht van de moeder. De ononderbroken cirkelende bewegingen worden begrepen als de weerspiegeling van een Ik dat nog niet is afgegrensd van zijn omgeving. We herkennen hier een analoge dynamiek als bij de ononderbroken vegende lijnen. Abraham trekt de aandacht op het ontbreken of te vroeg verbreken van de continuïteit van deze lijnpatronen. *Verbrokkelde vormen* kunnen volgens haar verwijzen naar een problematische ontwikkeling: ze worden gezien als mogelijk signaal van een onbevredigende symbiose.[16]

Noch Haag, noch Tisseron staat afzonderlijk stil bij de overgangsvormen naar spiralen waarbij de hoeken van de zaagtandlijnen meer afgerond worden en ook een soort lussen vormen en overgaan in het tekenen van aanvankelijk nog *ononderbroken cirkelende bewegingen.* Haag (1995) bespreekt wel een klinisch voorbeeld van een dergelijke evolutie. De aanzetten tot afronden en spiralen ziet ze daar als signaal dat het geobserveerde psychotische kind opnieuw contact begon te leggen.

16. In een meer actueel kader zouden wij spreken van een onbevredigd verlangen naar verbondenheid.

Volgens Tisseron (1996b) stemmen afgeronde vormen overeen met de beginnende mogelijkheid om zich een vorm te kunnen indenken die zich op zichzelf kan sluiten en die dus de mogelijkheid heeft een andere vorm te bevatten. Het zijn echter nog maar aanzetten tot werkelijk bevattende vormen.

Haag (1990, 1995, 1996) bespreekt de evolutie naar bevattende vormen meer via het tekenen van spiralen. Tegelijk en wat later dan het stippelen ontstaan volgens haar ook ronde bewegingen, in een afwisseling van openen en sluiten, meestal in spiraalvorm. Haag spreekt slechts over spiralen wanneer de cirkelende beweging reeds enigszins beheerst wordt. Zij situeert spiralen als een geprivilegieerde overgangsvorm, onderweg naar de definitief gesloten vormen, die uiteindelijk het loskomen van het motief (en de persoon) ten aanzien van de achtergrond mogelijk zal maken. Kenmerkend is volgens haar de *ritmische afwisseling tussen openen en sluiten.* Het tekenen van spiralen bereikt zijn hoogtepunt tussen 2 jaar en 2,5 jaar en kan ruim tot 3 jaar voorkomen tegelijkertijd met de eerste gesloten vormen. De spiralen eindigen meestal op een losse staart maar soms gaat het kind nog over op een zaagtandlijn, als in een poging om de expansieve beweging af te remmen. Deze *eerste spiralen* ontrollen zich vanaf een middelpunt in tegenwijzerzin (figuur 1a).[17] Aanvankelijk bekommert het kind zich niet om het weer oprollen van de spiralen. Daarna kunnen beide vormen los van elkaar op hetzelfde blad voorkomen. Ergens in de ontwikkeling doet er zich volgens Haag een omkering voor in de tekenrichting van spiralen. Grotere kinderen en volwassenen tekenen spiralen (en bijvoorbeeld een slakkenhuis) immers meestal in wijzerzin. Het oprollen in wijzerzin beschouwt Haag als een meer geëvolueerde vorm die meer controle veronderstelt en misschien maar mogelijk wordt na het tekenen van gesloten vormen. Volgens haar observaties zouden kinderen die problemen hebben met expansiviteit, vanaf het begin spiralen in wijzerzin

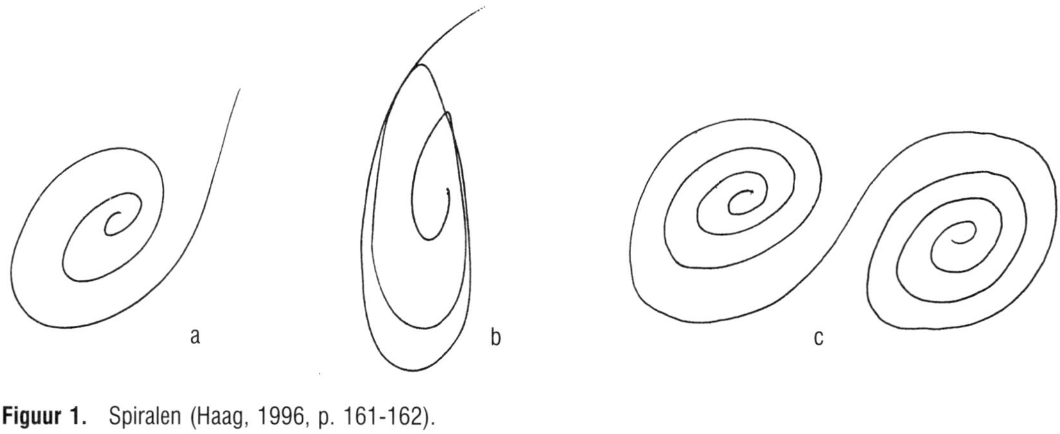

Figuur 1. Spiralen (Haag, 1996, p. 161-162).

17. Haag (1995) brengt dit in verband met het rondtollende dansen van peuters dat meestal spontaan naar links draaiend zou verlopen.

tekenen. Zij tekenen spiralen die zich ontrollen in wijzerzin, vertrekkend van het middelpunt (figuur 1b). Haag noemt dit een paradoxale spiraal. Zij vond deze vroege spiraal in wijzerzin terug bij kinderen met een symbiotische problematiek van waaruit ze zich sterk controlerend vastklampen aan hun liefdesobject. Resten van deze ontwikkeling zouden dan later in het geschrift overblijven wanneer de ronde klinkers eveneens in wijzerzin gesloten worden en dit onafhankelijk van links- of rechtshandigheid. In haar termen moet in de normale ontwikkeling de dubbele spiraal (figuur 1c) verworven zijn voor een soepele beheersing.

Wat *het voorstellingsniveau* betreft, meent Haag (1995, 1996) dat al de spontane ritmische lijnen nog vooral een quasi-directe zelfexpressie zijn, namelijk voorstellingen van driftmatige en affectieve ervaringen die nog vooral motorisch geuit worden via het lichaams-ik en die de basis van het zelf vormen. Het zijn nog geen echte voorstellingen van het Ik. Bovendien worden regressieve en meer geëvolueerde beelden nog door en naast elkaar getekend. Later zullen al de basisvormen (getande lijnen, stippen en spiralen) in het geheel van de tekeningen opgenomen worden als decoratieve elementen van de figuratieve tekeningen. Het bereikte ontwikkelingsniveau is nog niet stabiel. Aanvankelijk komen de getekende vormen dus nog hoofdzakelijk van binnenuit, schijnbaar toevallig, vanuit een soort van lichamelijke beleving tot stand en niet als nabootsing van iets wat in de omgeving gegeven is. Volgens Abraham (1979) speelt er wel een zekere zelfnabootsing mee. We begrijpen vooral dat het tekenen nog niet gestuurd wordt vanuit een mentale voorstelling die opgeroepen wordt in functie van een project. Toch is er reeds invloed van het geheugen dat echter nog in grote mate bepaald wordt door motorische en kinesthetische sensaties die geactiveerd worden door het zien van potlood en papier en ook een primitief 'symbool' oproepen, bijvoorbeeld van verbondenheid met de moeder of de ruimere omgeving.

Anderzijds zijn er ook bevindingen die erop wijzen dat het tekenen wordt *opgenomen in algemene communicatieve patronen* tussen het kind en zijn verzorgers. Het samen herkennen van prenten of afbeeldingen en de beginnende taalontwikkeling hebben hierbij een belangrijk aandeel. Yamagata (1997) kwam vanuit longitudinale observaties tot de bevinding dat er bij het kribbelen reeds meer *kernen van figuratieve voorstelling* aanwezig zijn dan algemeen wordt aangenomen. Moeders zouden dit vormen van voorstellingen ook rechtstreeks stimuleren door uitnodigingen als 'teken eens...'. De peuters zelf nodigen tevens hun moeder uit om bepaalde dingen voor hen te tekenen. Yamagata beschrijft het voorbeeld van een peuter van 21 maanden, die nadat moeder een auto had getekend, door haar werd uitgenodigd de lichten eraan toe te voegen en die daarop een zaagtandkribbel op de juiste plaats toevoegde. Zij merkte ook op dat het aanvankelijk de moeders waren die de meeste inhoudelijke thema's voorstelden en dat deze posities tussen moeder en kind zich geleidelijk aan gingen omkeren.

2.1.3. Vanaf omstreeks 3 jaar

2.1.3.1. De gesloten cirkel

Volgens Haag (1996) werd een eerste basis voor het kunnen maken van tekeningen verzekerd door het ontstaan van sporen en tekens die verwijzen naar de eerste symbiotische ervaringen. Maar het kunnen aanwezig stellen of evoceren van deze ervaringen in een soort van motorische beelden is nog nauw vervlochten met de ervaringen zelf. In die zin is er nog geen sprake van echte symbolen. Dit verandert met de mogelijkheid om een *gesloten cirkel* te tekenen. Losse kribbelpatronen worden nu meer verspreid over het blad getekend. De gesloten vormen ontwikkelen zich daarbij in een spel van assemblages, met insluiten van andere vormen en in composities die steeds beter geordend worden (Haag, 1996). Vanaf dit moment kan de cirkel *verwijzen naar een persoon die is losgekomen van zijn omgeving* en die beschikt over voldoende tekens die verwijzen naar zijn basiservaringen. De cirkel duidt op een soort verinnerlijkt skelet of een verinnerlijkte psychische huid die belangrijke ervaringen bijeenhoudt. Het kind heeft daar bovenop nu ook de vaardigheid verworven om basisvormen in allerhande samenstellingen bijeen te brengen en te integreren. De evolutie naar een menstekening en naar andere herkenbare voorstellingen kan nu op grond hiervan zeer vlug evolueren.

Volgens Tisseron (1996b) getuigen de cirkelvormen niet meer van aan de gang zijnde psychische processen, maar wel van het resultaat ervan, namelijk het in beeld brengen van *de eerste structurerende voorstellingen.* De gesloten ronde vormen symboliseren het onderscheid dat het kind begint te maken tussen zichzelf en de buitenwereld, zo zegt ook Abraham (1979). Zij beklemtoont dat ronde vormen inhoudelijk aangezien kunnen worden als typisch voor ervaringen tijdens het orale stadium. Door de verwijzing naar moeders gelaat worden ze tot eerste symbool gemaakt van het aangezicht als bemiddelaar van het eerste menselijk contact. Nadien wordt het ronde dan herhaald vanuit een innerlijk gevoel van welbehagen dat oorspronkelijk met de moeder verbonden was en door de getekende vorm onbewust opnieuw wordt opgeroepen als ervaring. Via symbolische expressie in ronde vormen tracht het kind nu verder greep te krijgen op *orale belevingsaspecten.*

Ook *verbale en communicatieve signalen* wijzen erop dat de stap naar figuratie nu dichterbij komt. In het algemeen kondigen de kinderen nog niet van tevoren aan wat ze zullen tekenen, maar benoemen ze hun tekeningen wel achteraf. Arnheim (1956)[18] spreekt in dit verband van de 'primordial circle' die nog ongeveer alles uit de omgeving van het kind kan voorstellen. Luquet (1913, 1927)[19] noemt dit toevallig realisme. Dezelfde tekening kan ook achtereenvolgens verschillende dingen voorstellen. Gardner en Wolf bespreken het *toe-*

18. Cit. in Thomas & Silk (1990).
19. Idem.

vallig benoemen van vormen, los van de bedoeling iets voor te stellen, als een soort romantiseren of fantaseren om het spoor van hun krabbels niet kwijt te geraken of om hun tekening als iets waardevols aan iemand te kunnen geven. Zij maken ook onderscheid tussen romanciers en puzzelaars (*'dramatists and patterners'*). De enen komen tot een breed uitgesponnen verhaal uitgaande van minimale tekens op het papier. De anderen zijn vooral geconcentreerd op het leren beheersen en op elkaar afstemmen van getekende vormen. Deze peuters zijn reeds erg aanspreekbaar door prentenboeken. Ze kunnen prenten even accuraat en enthousiast herkennen als de reële voorwerpen. Ook bij het blokkenspel en de eerste puzzels kunnen zij reeds eenvoudige vormen herkennen. Het produceren van tekens is echter nog een activiteit op zich. Er is nog geen echt op elkaar afstemmen van de perceptie van voorwerpen en afbeeldingen en de grafische activiteit waarmee ze bezig zijn. Het *voorstellingsniveau* van deze peuters blijft dus nog begrensd.

2.1.3.2. De cirkels met stralen

Veel van de vormen *'op zoek naar een mensfiguur'* nemen volgens Haag (1995, 1996) straalvormen aan. De stralen zijn goed vastgehecht aan de ronde omhulling die lijkt op een stralende kern. Het is dus een bevattende vorm met stralen.[20]

Fleck-Bangert (1995) noemt de stralen *'tastorganen'* of *'tastlichamen'* en associeert dit met het beginnend verkennen van de omgeving, dankzij een zintuiglijkheid die meer naar buiten en op de ruimere omgeving gericht wordt.

Haag hecht veel belang aan het verschijnen van deze tussenvorm, die belangrijke elementen aanreikt voor het tekenen van een zon, ledematen, handen, haren, enzovoort. Nadat de eerste grondlaag voor de symbolisatiemogelijkheden werd gevormd door elementen die verwijzen naar primitieve symbiotische ervaringen en het proces van daaruit loskomen, ontstaat nu een "echt *trotseren van de ruimte* (tussen lichamen, huiden, psyches) in een oefenen van interne samenhang (gesloten cirkel) en het tegelijkertijd op zoek gaan, vaak in bange afwachting, van de landing, waarna de processen van ontstaan en individuatie kunnen hernemen" (Haag, 1996, p. 166). Zij noemt dit "het avontuur van de straalvormen die de stevigheid van het ik aantonen en toetsen in de ervaring van separatie". Haag besteedt dus minder aandacht aan de verkennende en zintuiglijke aspecten van de gerichtheid op de omgeving. Zij richt zich meer op het proces van *structurering waardoor de persoonskern aan stevigheid wint*. Zij verwijst ook naar de beginnende zelf-ervaring van gehecht zijn die intussen ontstaat tijdens het overbruggen van een ruimte en de integratie van primitieve ervaringselementen.

20. 'Structures radiaires de contenance', Haag (1996, p. 165).

Aanvankelijk navigeren of zweven de straalvormen nog op het blad waartegenover ze nog geen stabiele oriëntatie verworven hebben. Maar het experimenteren met richting begint te verschijnen. Daarmee is het kind dan klaar om met de intrede van de kopvoeters de definitieve stap te zetten naar het figuratieve tekenen.

Voor de overzichtelijkheid van onze uiteenzetting zullen we echter eerst nog de twee volgende stappen bespreken, die volgens Haag belangrijk zijn voor de verdere structurering van het Ik en van de tekeningen.

2.1.3.3. Het kruisen van de assen

Het tekenen van kruisen wordt mogelijk tussen 3 en 4 jaar. Deze kruisen worden vaak ingesloten in cirkels en in de eerste vierkanten. Het is volgens Haag (1990, 1996) een belangrijk teken van vroege integratie en de verwijzing naar het ondersteunen van een *soort innerlijk skelet*, dat nog niet echt geordend is. Het moet meer begrepen worden als de introjectie of het beeld van een soort psychische huid die als in een zak de bruikbare vroege identificaties bijeenhoudt.[21] Haag noemt, als tussenvorm naar het tekenen van kruisen, een voorbeeld waarbij het kruis gevormd wordt door een soort van op elkaar geplakte banden. Andere tussenvormen worden vermeld door Beery (1989). Hij meent dat het jonge kind, vanuit een egocentrisch referentiepunt, de horizontale as in twee stukken naar de middellijn toe tekent. Het soepel kunnen overschrijden van de middellijn beschouwt Haag (1990) als een teken dat een centraal innerlijk referentiepunt verworven is. Dit laat toe te tellen zowel in positieve als in negatieve richting, zodat min (moins) niet langer een traumatiserend breukmoment is maar een relatieve plaats krijgt in een lineair tijdsverloop. Deze integratie brengt ook een reductie teweeg van vroege splitsingsmechanismen en van overspoelende associaties. Zo kunnen de hoeken van een vierkant nu getekend worden zonder dat deze beleefd worden als verscheurende tanden, aldus Haag. Het tekenen van een kruis of met andere woorden het kruisen van de horizontale en verticale assen mag volgens haar op deze leeftijd zeker niet begrepen worden als een symbool van dood en kerkhof.

2.1.3.4. De ontdubbeling van de horizontale lijn

In de evolutie van de keten die vertrekt van somatisch-, sensorisch-relationele ervaringen en via voorstellingen voert naar abstract denken moet volgens Haag (1996) nog een derde element[22] of grondlaag beschikbaar worden. Deze kan in de taal van tekeningen gevolgd worden via de *ontdubbeling van de horizontale lijn in een lijn voor de lucht en een grondlijn.* Dit is een stap in de ontwikkeling van de capaciteit om perspectief weer te geven. Daardoor

---

21. 'Skeleton container' volgens Bion-Meltzer of 'skin container' volgens E. Bick, cit. in Haag (1990, p. 111).
22. Na de eerste prefiguratieve lijnen en de straalvormen.

ontstaat een lege ruimte die het *'theater'* vormt voor het plaatsen van menselijke figuren, dieren, planten, architecturale bouwsels. Dit is een welbekende structurering die zich tijdens het vijfde levensjaar voordoet in de kindertekeningen. Goed geverticaliseerde menstekeningen en allerhande voorwerpen worden nu volgens Haag vaak geplaatst op een witte achtergrond tussen twee lijnen of gekleurde banden voor de lucht en de bodem. De zon is opgestegen naar de horizon en wordt vaak in een hoek geplaatst 'als een merkteken van de voorbije oversteek' van de ruimte (1996). De mensfiguren behouden nog een tijdje mooie straalvormen.

Interessant is ook Haags bespreking van abnormale verbindingen die soms gelegd worden tussen lucht en bodem, die volgens haar verwijzen naar overblijfselen van een separatieproblematiek.[23] Het is dan belangrijk na te gaan welke elementen of figuren een verbinding tussen lucht en bodem instandhouden. De abnormale verbinding zou zich in extreme vorm manifesteren bij autisten die vaak een voorkeur blijken te hebben voor het tekenen van een zonsondergang. Daarmee tonen ze hoe moeilijk de ontdubbeling van een gemeenschappelijke huid voor hen wel is: deze kinderen zijn immers geneigd zich vast te klampen aan onmiddellijke sensorisch-motorische ervaringen. Dit zou zich vertalen in dit beeld waarin horizon en grondlijn samenvallen.

2.1.4. Enkele illustraties

We hebben reeds herhaaldelijk aangegeven dat er geen vaste chronologische ontwikkeling is van de beschreven basisvormen. Terwijl vroege patronen nog verder ingeoefend worden, ontstaan tegelijkertijd reeds nieuwe vormen. Zo kunnen zich ook opmerkelijke verschillen voordoen tussen een reeks tekeningen die achtereenvolgens gemaakt worden. In de twee kribbeltekeningen die *Kaat* maakte op 1 jaar en 10 maanden, is er op de eerste tekening (K1) een overwicht aan vegende, hoekige lijnen, terwijl er zich ook lussen en afrondingen vormen en één enkele zoekende spiraal. In de daaropvolgende tekening (K2) zien we daarentegen een overwicht aan ronde vormen en draaiende spiraalbewegingen. In beide figuren kan de bladrand nog niet volledig gerespecteerd worden. De derde tekening (K3) werd door Kaat gemaakt op 2 jaar en 10 maanden als antwoord op de opdracht een kindje te tekenen. We zien hier een vroege kopvoeter die vrij goed geslaagd is maar nog aanleunt bij grotere vormen die hem gedeeltelijk omvatten. De nadruk ligt nog op het leren beheersen van de richting van de spiralen en de zoekende pogingen om vormen te sluiten, terwijl reeds de eerste stappen naar figuratie worden gezet. Bij het sluiten van vormen lijken zowel hoekige als ronde vormen tegelijkertijd ingeoefend te worden. Dit wekt de indruk van een huis voor het kindje. De neiging tot kribbelen blijft intussen nog duidelijk aanwezig, maar is meer be-

23. Zie II.5.6. voor het voorbeeld van Céline.

Tekening K1 (1 j 10 m)

Tekening K2 (1 j 10 m)

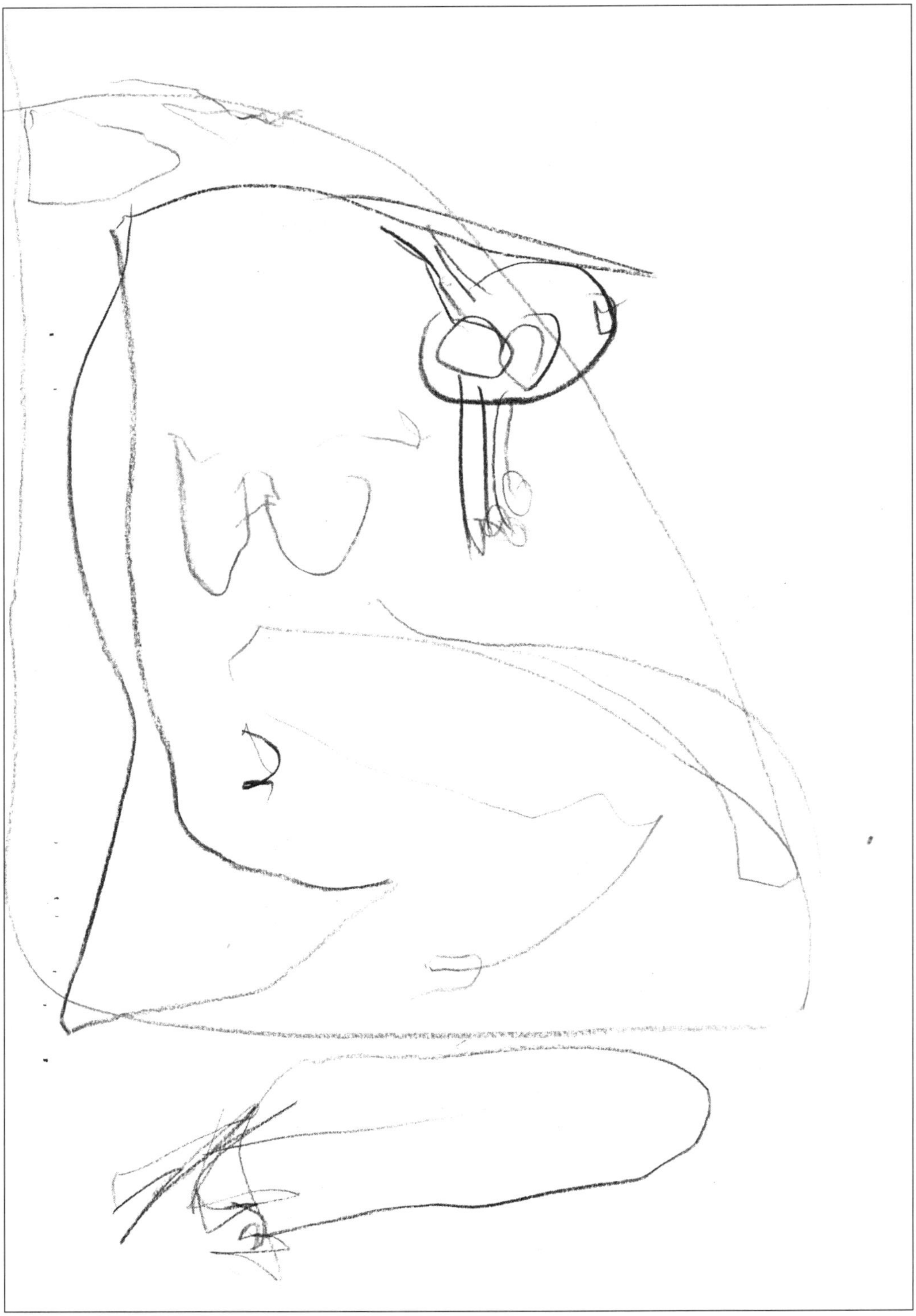

Tekening K3 (2 j 10 m)

heerst en afgelijnd. Het feit dat er een vol jaar nodig was voor deze evolutie, wijst erop dat deze schijnbaar eenvoudige en vanzelfsprekende stappen toch wel enige tijd en energie vragen.

In het voorbeeld van het vroege kribbelen van *Liesbet* op 1 jaar en 11 maanden (L1) zien we dat ook zij nog af en toe de grenzen van het blad overschrijdt. Vooral opvallend is de neiging om het blad op te vullen, met een mengeling van vegende en vooral ronde en continue lijnen. Eén uitschieter wordt afgezonderd, maar nog zonder de continue lijn te onderbreken. De volgende tekening (L2) komt een jaar later tot stand (2 jaar en 10 maanden) en is een voorbeeld van het meer beheerste en gespatieerde kribbelen. De beginnende verticale lijnen wijzen op het kunnen aanzetten en weer stoppen van een lijn. Er worden nu diverse losse kribbelpatronen getekend op hetzelfde blad. Bij de kopvoeter (L3) die ze maakte op 3 jaar en 8 maanden lijkt figuratie de belangrijkste motivatie voor de tekening. Toch valt het op hoe het beheersen van vormen nog steeds heel wat inspanning vergt. Maar de onzekere patronen worden ondertussen reeds zoekend samengevoegd in functie van de beoogde figuratie. Het is een mooie illustratie van allerlei mengvormen en overgangsvormen. Er wordt nog volop geëxperimenteerd met de richting van de spiralen. Tussen de spiralen voor de ogen merken we via het tekenen van een neus ook het zoeken naar een middellijn. Het horizontale lijntje dat ze bovenaan toevoegt, lijkt ingegeven door het zoeken naar een verbinding tussen de twee spiralen voor de ogen. Het stippelen begint pas te lukken, maar de stippen krijgen toch reeds een duidelijke plaats in de compositie. Horizontale en verticale lijnen worden doelgericht gecombineerd en kleinere vlekken van vegende lijnen lijken belangrijke zones aan te geven die nog moeilijker vorm krijgen. Vormen kunnen nu duidelijk andere vormen bevatten. Iets als een buik kan gedacht worden, maar nog niet echt geïntegreerd in het beeld, al is er een correcte plaatsaanduiding. Daarnaast is er nog een terugvallen op vroegere vegende en spiraalvormige lijnen. Deze zijn naast de eigenlijke tekening in blauwe viltstift uitgevoerd, terwijl de kopvoeter met zwart wascokrijt werd getekend. Ook de buik werd met blauwe stift uitgevoerd. Is dit kribbelen ingegeven door het willen opvullen of inkleuren van de getekende figuur, zonder dat het vormgeven en het inkleuren een geïntegreerde plaats krijgen in een totaalbeeld? Of is dit kribbelen louter een terugval na de inspanning van het vormgeven? Voor de interpretatie van een dergelijke tekening is het belangrijk voldoende gewicht te geven aan de nog zoekende beheersing en combinatie van vormen. Als de spiraalvormen en gesloten cirkels nog weinig beheerst zijn, heeft het weinig zin om veel belang te hechten aan de inhoudelijke interpretatie die men bijvoorbeeld zou kunnen geven bij het tekenen van gedisproportioneerde grote ogen. Tot slot willen we hier nog twee latere tekeningen van Liesbet (3 jaar en 10 maanden) aan toevoegen. Hoewel beide tekeningen (L4 en L5) in dezelfde periode gerealiseerd werden, zouden ze van twee verschillende kinderen kunnen zijn. De figuur van L4 is duidelijk een verbeterde versie van het schema uit L3. De

Tekening L1 (1 j 11 m)

Tekening L2 (2 j 10 m)

Tekening L3 (3 j 8 m)

Tekening L4 (3 j 10 m)

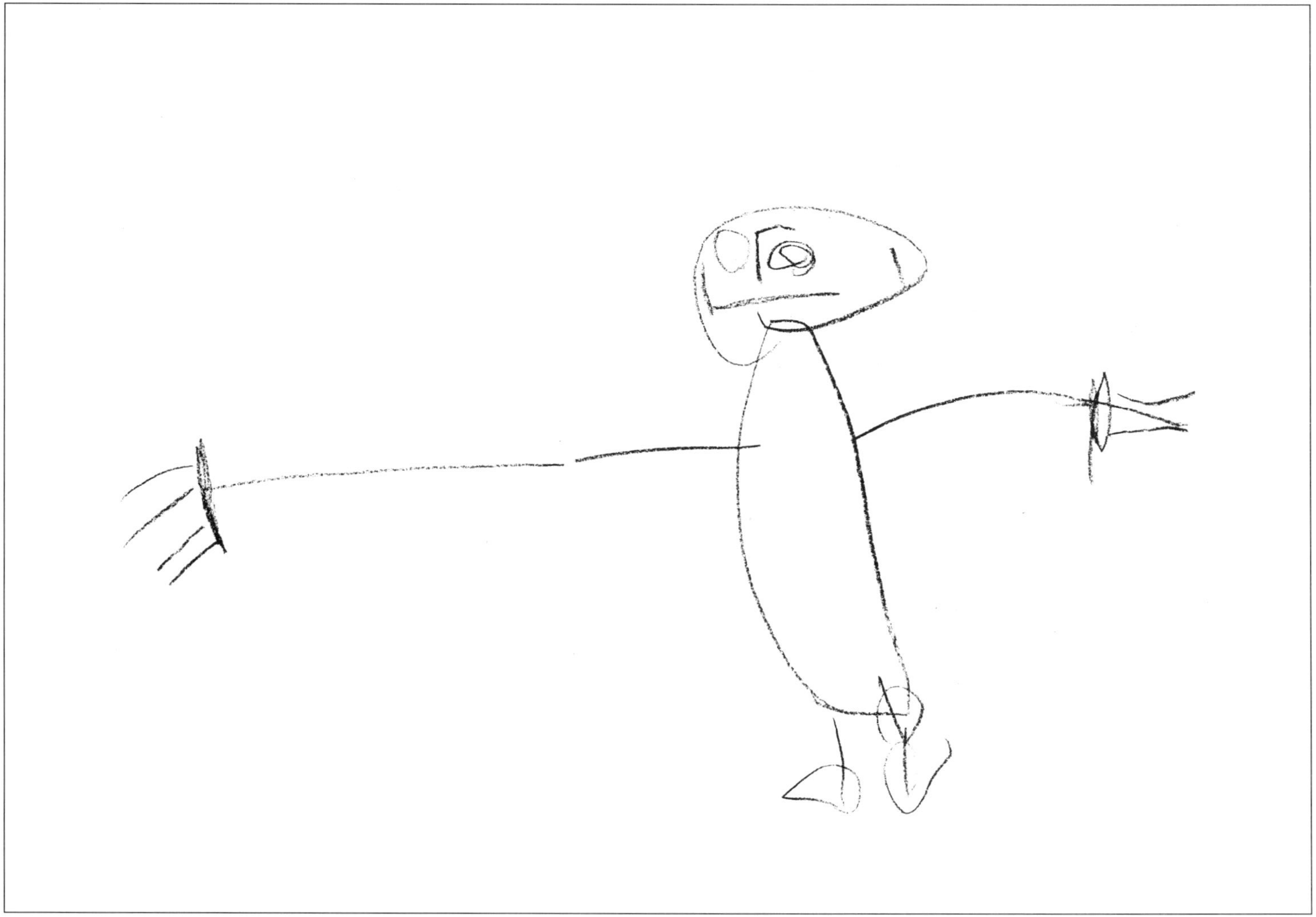

Tekening L5 (3 j 10 m)

romp is nu geïntegreerd en de benen worden aan de romp gehecht. De tekening vult nog het volledige blad. Het mensschema van L5 krijgt echter een nieuwe dimensie door het verlengen van de romp, het toevoegen van armen en het verkleinen van de tekening. Het doelgericht verlengen van de linkerarm geeft ook aan dat symbolische betekenis nu op een meer geëvolueerde manier tussenkomt. Voortbouwend op de betekenis die Haag geeft aan de cirkels met stralen, lijkt het hier alsof de lange arm de lege ruimte van het blad moet overbruggen. Het is verwonderlijk dat deze tekeningen slechts twee maanden later werden gemaakt dan figuur L3. Wanneer figuratie mogelijk wordt, kan de evolutie zeer snel gaan. Maar we zien ook dat het inoefenen van basisvormen intussen doorgaat en zeker in het begin soms nog veel ruimte inneemt.

We merken dat individuele verschillen reeds vanaf het begin een stempel drukken op het lijnenspel dat elk kind zich volgens eigen voorkeur en tempo eigen maakt. Zo vinden we ook niet alle besproken figuren terug in deze illustraties. Ze maken ons inziens wel duidelijk dat figuratie niet zomaar uit het niets opduikt, maar het resultaat is van de belangrijke evolutie die eraan voorafging en die het beheersen en doelgericht samenvoegen van lijnen en patronen mogelijk maakte.

2.1.5. Verdere beschouwingen omtrent de bijdrage van het beginnend tekenen tot de structurering van de persoon

We hebben de gedachtegang van Haag en Tisseron vrij uitvoerig proberen te volgen omdat deze ons inziens denkbaar maakt hoe de evolutie kan verlopen van somatisch-relationele ervaringen naar picturale voorstellingen en later naar meer abstracte denkpatronen. Het is hun verdienste om een niet-talige ontwikkeling trachten te vatten in nauwgezette beschrijvingen en hypothesen. Het tekenen en spelen met lijnen wordt beschouwd als een intrinsiek proces dat deel uitmaakt van het totstandkomen van representaties. Bij het eerste tekenen zijn het de lijnen zelf die ertoe bijdragen dat voorstellingen kunnen ontstaan via het overbrengen van ervaringspatronen naar lijnpatronen. We herkennen hier een vorm van transmodale processen zoals ze door Stern (1985) beschreven werden: wat door één zintuig wordt opgenomen, staat via hersenprocessen in verbinding met andere zintuigen en kan via andere kanalen tot uiting gebracht worden.

Hierbij aansluitend lijkt het ons zinvol stil te staan bij de overwegingen en hypothesen die Tisseron (1985, 1995a, 1995b) wijdt aan de *rol van het zien* bij het omvormen van sensorische-affectieve-motorische ervaringen naar lijnen en voorstellingen. Volgens hem is het “op basis van het visuele dat de beelden zich losmaken, die wij actief samenstellen tot voorwerp van onze blik of ons denken”. Zien is per definitie een ambigu zintuig dat tegelijkertijd afstand en nabijheid aanwezig kan stellen. “Door onze blik kunnen we objecten naar eigen goeddunken op een afstand plaatsen of net andersom: naar ons toe trekken."[24] Het zien van een voorwerp kan de afstand of de differentiatie tussen de persoon en het voorwerp beklemtonen; anderzijds kan iets dat afwezig was door het zien opnieuw als nabij aanwezig ervaren worden. De ambiguïteit van het zien maakt dus dat het zowel de fusie kan herstellen alsook kan bijdragen tot separatie. Ook in het tekenen is er een uniek samenspel van elementen die via het zien met elkaar in verbinding staan en een 'symbolisch' veld klaarleggen voor het overstijgen van separatie-angsten.[25] Bovendien is het *tekenen een ambivalent medium* waarin loslaten en vasthouden, net als bij het zien, tegelijkertijd aanwezig kunnen zijn. Bij het tekenen wordt de lijn door de hand 'achtergelaten' op het papier, maar ze kan door de blik ook tegelijkertijd vastgehouden worden als een spiegeling van het gebaar dat de lijn teweegbracht. Anders dan bij het spel voor een reële spiegel blijft hier het beeld bestaan nadat het gebaar voorbij is. Wanneer het kind van voor de spiegel weggaat, is immers ook zijn spiegelbeeld verdwenen. Een weggaande lijn kan ook tegelijkertijd allerhande en zelfs tegenstrijdige ervaringsaspecten daarstellen en biedt daardoor een directe en complexe expressiemogelijkheid die bijvoorbeeld verbaal veel moeilijker bereikbaar is. Zo kan een weggaande lijn zowel verwijzen naar achtergelaten worden (de moeder die weggaat) als naar het kind dat zijn moeder van zich afduwt of dat zelf van zijn moeder weggaat. De terugkerende lijn kan dan verwijzen naar de moeder die terugkeert of naar het kind dat weer contact opneemt. We herkennen hier de actuele thema's uit de toenaderingsfase. Ook in de verhouding van de lijn tot het blad zijn er onderliggende transitionele mogelijkheden tot elaboratie en bemeestering van aspecten van het separatiethema. De lijn die in afwezigheid van de moeder gedragen wordt door het blad papier, kan ertoe bijdragen dat beelden het gemis aan de moeder kunnen verzachten.[26]

Dit alles om te verduidelijken hoe het basale tekenen elementen aanreikt op basis waarvan voorstellingen gevormd kunnen worden. *Het kunnen omvormen van ervaringen tot voorstellingen en gedachten wordt beschouwd als een structureel proces dat de nodige schakels verzekert waarmee inhoudelijke thema's en de bijbehorende affecten kunnen worden vastgehouden en verruimd.* Het kind komt er slechts zeer geleidelijk toe voorstellingen te laten voorafgaan aan zijn tekenactiviteiten en beide gericht op elkaar af te stemmen. Aanvankelijk wordt dus nog de verbondenheid zelf en het zich losmaken op een evocerende manier voorgesteld. Maar daardoor wordt tegelijk de weg vrijgemaakt voor figuratieve en meer abstracte voorstellingen. Voor Tisseron is het kunnen insluiten van één vorm in een andere een belangrijke mijlpaal en springplank die nieuwe symbolisatiemogelijkheden aankondigt en mogelijk maakt. De voorstelling van een stevige ik-kern, die zich losgemaakt heeft van de om-

24. G. Vandamme, p. 60.
25. En in kleiniaanse termen, voor het overstijgen van splitsingen.
26. In het verlengde van deze denklijn staat Tisseron (1996a) ook stil bij de mogelijkheden die het eerste tekenen aanreikt voor het beheersen van de depressieve positie.

geving en op zoek gaat naar andere kanalen voor het uiten van verbondenheid, is een teken hiervan.

Wanneer de separatie-individuatie voldoende bemeesterd is (objectconstantie), dan komen de weg en de energie vrij voor andere aspecten van ervaringen en voor het zoeken om zich steeds verder en breder in te schakelen in en te differentiëren van de omringende wereld. Die omgeving komt dan meer en meer in het middelpunt van de aandacht te staan. Dit uit zich via de pogingen van het kind om zich te situeren tegenover ouders en de bredere sociale omgeving, door honger naar kennis en ook materiële beheersing van de omgeving. Uiteraard wordt dit ook weerspiegeld in de verdere evolutie van het tekenen waarin de separatie-individuatieprocessen naar de achtergrond zullen verdwijnen. De structurele processen die de symboolvorming op gang brachten, verdwijnen wel naar de achtergrond maar blijven daar volgens Tisseron levenslang werkzaam bij het instandhouden en verruimen van symbolisatieprocessen.

Wanneer de capaciteit tot zelfexpressie in tekeningen verworven is, kan men de *functies van expressie en structurering* nauwelijks nog onderscheiden, alhoewel zij steeds complementair werkzaam blijven. Wel blijft de keuze voor het medium tekenen levenslang getuigen van betrokkenheid op separatie-individuatieprocessen, aldus Tisseron.

Bij de bespreking van de verdere ontwikkeling van het tekenen, wanneer de symbolisatiemogelijkheden vlot beschikbaar zijn en in een normaal ontwikkelingsverloop ook voortdurend mee evolueren, zullen we onze aandacht vooral richten op de stappen van differentiatie en de toenemende rijkdom van de figuratief steeds beter herkenbare voorstellingen. We zullen trachten te expliciteren naar welke psychische processen en verworvenheden inhoudelijke aspecten van betekenis en vormgeving verwijzen. Het is vooral dit niveau van tekenen waaraan men meestal denkt wanneer er sprake is van diagnostisch gebruik van kindertekeningen. Het verschijnen van de eerste kopvoeters is een belangrijke mijlpaal in deze evolutie.

2.2. Overzicht van de ontwikkeling van het figuratieve tekenen

Bij de bespreking van het ontwikkelingsverloop van het figuratieve tekenen komt de nadruk meer te liggen op de inhoudelijke betekenis van de tekeningen dan op de structurele processen die ze mogelijk maakten. Dit brengt ook mee dat er andere accenten op de voorgrond zullen komen vanuit een bredere psychodynamische achtergrond. Noodgedwongen moet dit beperkt blijven tot het aangeven van enkele globale hoofdlijnen. Deze psychodynamische achtergrond valt echter niet samen met psychoanalytische duidingen van deelaspecten van een tekening. Dergelijke duidingen beschouwen we als richtinggevende werkhypothesen die vanuit klinische ervaring totstandkwamen maar die in elk individueel geval opnieuw getoetst dienen te worden aan de concrete context. We willen hiermee waarschuwen tegen een lichtzinnig gebruik van bestaande 'catalogi', waarin men bovendien vaak tegenstrijdige duidingen naast elkaar vindt. Verschillende auteurs kunnen er ook andere hypothesen op nahouden en andere klemtonen leggen. Dit voorbehoud geldt uiteraard ook voor de exemplarische duidingen die in deze bespreking van de ontwikkeling van het tekenen ter sprake komen. Deze hypothesen blijven slechts een potentiële toegang tot mogelijke betekenissen en hebben als sleutels een verschillende aanvaardbaarheidsgraad. Ervaring en toetsing volgens het *convergentieprincipe*[27] zullen richtinggevend zijn bij de uiteindelijke interpretatieve synthese.

Vooraleer onze bespreking van het figuratieve tekenen aan te vatten lijkt het ons tevens van belang er nogmaals op te wijzen dat *ervaring, begrip en expressie een ongelijk verloop kennen.*[28] Symbolische expressie in een tekening wijst erop dat er reeds een zekere afstand genomen kan worden van de beleving zelf: deze kan niet alleen mentaal opgeroepen worden, los van de onmiddellijke ervaring, maar wordt nog verder beheerst wanneer bijvoorbeeld alternatieven worden afgewogen in functie van de geplande tekening. Gardner en Wolf (1979) roepen Vygotsky's theorie over de taalontwikkeling in om te benadrukken dat waarneming en productie aanvankelijk starten als gescheiden kanalen, maar op een bepaald punt in de ontwikkeling samenkomen en van dan af elkaar in belangrijke mate beïnvloeden. Zij bespreken de ontwikkeling van het tekenen vanuit het standpunt van een groeiende coördinatie van waarnemings- en vormgevingsprocessen. Vanuit een experimentele benadering kwam men eveneens tot de conclusie dat kinderen een beter begrip hebben van de werkelijkheid dan ze kunnen weergeven in hun tekeningen. Hierbij wordt vooral gezocht naar het relatief aandeel van kennis en tekenstrategie en tracht men omstandigheden aan te bieden waarin het kind zijn kennis beter zou kunnen benutten (Freeman & Cox, 1985; Cox, 1993). Vanuit psychodynamische invalshoek staat men vooral stil bij affectieve en motivationele factoren die tussenkomen. Zo benadrukt Abraham (1963) het feit dat het kind niet zomaar tekent wat het ziet of weet, maar dat het steeds vanuit een bewuste of onbewuste motivatie een keuze maakt uit een veelheid van voorstellingen die het zich vormde vanuit zijn ervaringen. We kunnen daar nog aan toevoegen dat ervaringen voldoende doorleefd moeten zijn vooraleer ze gevat en weergegeven kunnen worden in een min of meer stabiele voorstelling.

Hoe een soepele overgang van het kribbelen naar het figuratieve tekenen tegen de achtergrond van separatie-individuatieprocessen gedacht kon worden, hield ook Abraham (1979)[29] reeds bezig. Maar haar belangrijkste bijdrage tot

27. Zie verder II.3. en II.6.
28. Zie ook 2.1.2.
29. Zie Meykens & Cluckers (1996).

een psychodynamische visie over de ontwikkeling van kindertekeningen is ons inziens haar bespreking van de evolutie van de menstekening tussen 3 en 6 jaar. Hierin beschrijft ze zowel elementen van *de verdere elaboratie van individuatietaken als de evolutie van inhoudelijke thema's* zoals ze vooral vanuit de driftpsychologie geformuleerd werden. We zullen voor deze periode hoofdzakelijk uitgaan van haar inzichten en deze waar mogelijk aanvullen met recente bijdragen.

2.2.1. De kopvoeters (3 en 4 jaar)

Rond de leeftijd van 3 jaar kan het kind zich reeds beter aan een opdracht of een plan houden en zijn de tekeningen minder onderhevig aan herhalingsdrang of stereotypie. *Typisch is dat er nog steeds een neiging tot kribbelen blijft bestaan*, al wordt dit kribbelen meer en meer gedifferentieerd. In tegenstelling tot het vroegere kribbelen vullen de tekeningen nu een meer beperkte oppervlakte van het blad. De kinderen zouden volgens Abraham ook meer geneigd zijn om onderaan het blad en meer naar links te tekenen. Maar tussendoor tracht de peuter zijn verschillende kribbels ook om te vormen tot dat soort van vormen die hij reeds herkent in zijn spel en in de wereld (Gardner & Wolf, 1979). Deze evolutie verloopt geleidelijk en in samenhang met de ontwikkeling van het voorstellingsvermogen dat mede gestimuleerd wordt door spel, taal en sociale interactie. Volgens Cox (1993) is het belangrijk het tekenproces zelf te volgen, dan kan men merken dat er reeds vóór de leeftijd van 3 jaar *tijdens het kribbelen voorstellingen werkzaam zijn die naderhand niet meer te achterhalen zijn in het eindproduct.* Het kind speelt immers ook met het tekenmateriaal op een analoge manier als met ander speelgoed. In een dergelijk spel krijgen het tekenmateriaal, het spel ermee en de nagelaten sporen samen betekenis. Cox vermeldt onder andere het voorbeeld van een kind dat zijn potlood als een konijntje laat huppelen over het papier, dat daardoor bedekt raakt met stippen (Wolf & Perry, 1988).[30] Een ander kind maakte overlappende spiralen met een penseel terwijl het als in een spel met een autootje verwoordde: "hij draait om de hoek, hij draait om de hoek" en als de spiraal stopt: "nu is hij weg" (Matthews, 1984).[31] Cox wijst erop dat we door observatie van het tekenen dus kunnen ontdekken dat het kind dingen en gebeurtenissen probeert weer te geven, ook al gebeurt dit niet op een conventionele picturale manier. Zij besluit dat de tekens op het blad waarschijnlijk een voorstelling zijn van de beweging of een actie bij een gebeurtenis[32] en niet bedoeld zijn om enige visuele kwaliteit van een object te vatten. Deze bevindingen stemmen overeen met hypothesen die werden uitgewerkt bij de bespreking van het prefiguratieve tekenen.

30. Cit. in Cox (1993).
31. Cit. in Cox (1993).
32. Matthews noemt dit 'action representations', cit. in Cox (1993).

In prentenboeken kan het kind reeds een tijdlang allerlei picturale voorstellingen herkennen. Nu zal het ook *in één van de toevallig ontstane vormen een mens herkennen.* Het kind heeft nu al tekenend, in een eigen *creatieve act* een ervaring en een beeld samengebracht en vastgelegd, en heeft aldus aan de hand van een symbool de tegenstelling tussen een innerlijke en een uitwendige realiteit kunnen overstijgen. *Er speelt zich hier een transitioneel fenomeen af: plots roepen een innerlijk beeld en een uitwendig symbool dezelfde realiteit op.*[33] Dit is een aangename ervaring die het kind zal willen herhalen. Zo gaat het kind dan stilaan bepaalde schema's ontwikkelen die als in een ritueel de oorspronkelijke aangename ervaringen met de moeder nu op symbolisch vlak weer kunnen oproepen. Heel deze dynamiek verloopt grotendeels onbewust maar vormt de motor die bijdraagt tot de ontwikkeling en herhaling van bepaalde schema's. Hier ligt dus het ontstaan van het figuratieve tekenen en wordt de *cruciale stap naar het werkelijk grafisch symboliseren* gezet. Het kind gaat nu doelbewust vormen combineren met het oog op het realiseren van een visuele gelijkenis met tweedimensionale voorstellingen van de reële wereld rondom hem.

Het kind leert nu ook vooraf benoemen wat het zal tekenen. Het kan nu zijn voorstellingen reeds wat langer vasthouden. Deze eerste echte representaties krijgen meer algemene namen dan de vroegere geromanceerde tekeningen (Gardner & Wolf, 1979). Zo kan een driejarige bij een zeer summiere tekening een gedifferentieerd maar hoofdzakelijk gefantaseerd beeld oproepen, terwijl een vierjarige, iets meer bewust van zijn beperkingen, zijn tekening veel vager bespreekt en gewoon een algemene benaming geeft.

Er blijft nog een groot verschil bestaan tussen de visuele mogelijkheid tot discrimineren en de beperkte differentiatie van de gebruikte schema's. Kinderen hebben volgens Cox (1993) wel degelijk weet van meer lichaamsdelen dan het hoofd en de benen. Ze tekenen niet vanuit de perceptie van een voorwerp maar vanuit een mentaal model. Hoewel het mentale model vrij volledig is, blijven ze toch kopvoeters tekenen. Cox komt vanuit een aantal onderzoeken tot de conclusie dat verdere details vermoedelijk afwezig zijn omwille van het ontbreken van een grafisch schema. Deze kinderen hebben slechts greep op de hoofdkenmerken en dat zijn nu voor hen het hoofd en de benen. Bovendien is het onwaarschijnlijk, zegt Cox, dat "there is a conventional form 'waiting to come out', if only we could remove some of the performance difficulties in the task, or simply cue the child" (p. 41).

Kinderen tussen 3 en 4 jaar tekenen nog vooral afzonderlijke objecten, elk in hun eigen ruimte en zonder consideratie van afmetingen, ruimtelijke of individuele bijzonderheden. In dit verband trekt Royer (1995) de aandacht op

33. Zie ook Winnicott (1971); Rose (1980) bespreekt het aandeel van transitionele fenomenen in artistieke creativiteit.

het zwevende karakter van de tekeningen op deze leeftijd: de richting van de tekening wordt nog niet afgestemd op de bladranden zodat de tekeningen vaak schuin komen te staan. De dynamiek van de straalfiguren (Haag, 1995, 1996) werkt hier nog na.

Het *mensschema* dat op deze leeftijd in een tekening totstandkomt, is dus een min of meer gelukte cirkel voor het hoofd, met daarbinnen cirkeltjes voor de ogen en de mond. De neus wordt nog minder getekend. Vanuit de cirkel voor het hoofd vertrekken verschillende stralen die zowel armen als benen kunnen voorstellen. *Deze lijnen zijn ledematen in beweging, maar de kernervaring is het hoofd* (Abraham, 1979). Na de eerste toevallige menstekeningen gaat het kind die opnieuw willen tekenen. De schema's blijven aanvankelijk echter nog onduidelijk en onvolledig. Zowel de schema's als het tekenniveau zijn op deze leeftijd nog niet erg stabiel. Soms vinden we op eenzelfde tekening gedifferentieerde kribbelingen met daartussen een kopvoeter. Volgens Abraham kan die instabiliteit verklaard worden door de snelle veranderingen die op deze leeftijd plaatsgrijpen onder invloed van de groeiende individuatie die ook nog niet stabiel is. De lichaamsbeleving evolueert eveneens en geeft telkens aanleiding tot andere uitdrukkingsschema's. Ook het niveau van de voorstellingen varieert nog sterk: soms wordt een bepaalde voorstelling vooraf gepland maar daarna al doende of achteraf gewijzigd vanuit nieuwe associaties. De voorstellingen worden dus aangepast aan het toevallige resultaat van de tekeningen (Thomas & Silk, 1990).

Thomas en Silk vermelden dat het gebeurt dat kinderen die begonnen zijn met het maken van figuratieve tekeningen, er soms niet in slagen de onderdelen van die tekening te coördineren. Ze tekenen wel eens de ogen of de navel buiten de omlijning van de rest van het lichaam. Luquet noemt dat 'failed realism', Freeman spreekt van *'synthetic incapability'*.

Hoewel volgens Abraham op deze leeftijd de spiraalvormige belevenis nog steeds de meest stabiele is, kan het merendeel van de kinderen in een goede relatie met de onderzoeker ertoe gebracht worden een *kopvoeter* te tekenen. Verschillende auteurs zijn het er niet over eens hoeveel kinderen op deze leeftijd daartoe in staat zijn. Abraham meent dat dit slechts één vierde is. Wel is er een grotere maturiteit bij de meisjes: zij doorlopen vlugger de evolutie van de gedifferentieerde kribbelingen naar de kopvoeters en de volledige menstekening. Verder zijn er op deze leeftijd *nog geen verschillen tussen de geslachten* merkbaar. Kenmerkend voor deze fase is vooral de evolutie naar een steeds duidelijker omlijnd mensschema. Naar het einde van deze fase toe worden kopvoeters met haren, neus en oren getekend.

Hoe kunnen we die kopvoeters nu begrijpen in hun symbolische verwijzing? Abraham wijst op twee duidelijk te onderscheiden aspecten die bekeken kunnen worden:
- enerzijds de beweging naar onafhankelijkheid en separatie;
- anderzijds het contact en de verbondenheid met de ander en de wereld.

De verbondenheid die nu tot expressie komt, is van een andere aard dan de meer fusionele verbondenheid uit de vorige fase. Het kind kan nu een meer actieve partner zijn en de verbondenheid en het contact met de ander in zekere mate beheersen. Deze groeiende controle blijkt uit de mogelijkheid om op een symbolische wijze een gelaat weer te geven met de verschillende onderdelen. Het kind kan nu de globale vorm van het gelaat overzien en tot expressie brengen, los van de aanwezigheid van een moederfiguur. Opvallend is wel dat kinderen nu vaak spontaan twee of meer personen tekenen op één blad. Men kan dit interpreteren als uiting van de behoefte aan afhankelijkheid van het kind: het wil ook symbolisch zo dicht mogelijk bij zijn ouders zijn. Het kind heeft immers nog een intense behoefte aan nabijheid van anderen.

Samenvattend kunnen we het als volgt formuleren. De kopvoeter brengt niet alleen orale impulsen en de neerslag van het eerste contact met een menselijk gezicht tot expressie, maar toont ook de eerste tekenen van onafhankelijkheid en vrije beweeglijkheid. Dit laatste merken we vooral aan de begrenzing of omlijning van de menselijke figuur en aan het verschijnen van de ledematen. Maar alle ledematen worden nog vanuit het hoofd getekend en liggen dus als het ware nog in het verlengde van de contactfunctie. Abraham besluit dat de kopvoeters uit deze fase een weergave zijn van het gesocialiseerde orale zelfbeeld dat we vooral herkennen aan de nadruk op het gelaat en de differentiatie ervan.

2.2.2. De verlengde kopvoeters (4 en 5 jaar)

Wat de vormgeving betreft, staat nu het opvullen en verder differentiëren van voorstellingen op de voorgrond. Thomas en Silk wijzen erop dat het kind slechts een beperkt aantal vormen gebruikt om zijn tekeningen samen te stellen, vooral cirkels. Maar elke vorm kan ongeveer alles betekenen. Ook het kopvoetersschema zelf wordt voor verschillende doeleinden gebruikt, zowel voor mensen als voor dieren. Deze schematische tekeningen lijken soms meer te functioneren als symbolen dan als pogingen tot een adequate afbeelding. Soms wordt de term 'symbolisch realisme' (Luquet, 1913, 1927)[34] gebruikt om het voorstellingskarakter van deze tekeningen te beschrijven. Osterrieth[35] wijst erop dat de beleefde ervaring primeert boven de visuele referentie wanneer het kind wil verwijzen naar de realiteit die het wil voorstellen.

Abraham beschrijft deze fase als een tussenstap naar het symboliseren van een meer anaal zelfbeeld. Meer dan in het stadium van de eerste kopvoeters wordt nu de *verticale dimensie* beheerst. Zolang de romp niet afzonderlijk wordt aangegeven, spreekt Abraham van een lichaam met vangarmen (tentacules). Het is volgens haar een belangrijk ontwikkelingsmoment wanneer er bij de

34. Cit. in Thomas & Silk (1990).
35. Cit. in Hermand-Bernard (1988), p. 56.

kopvoeters een verlenging van de romp begint op te treden, zodanig dat de romp langer is dan het hoofd. Hiermee komt de nadruk immers te liggen op de verticale dimensie (rechtop lopen en de beleving van benen). De houding rechtop is nu een lichaamservaring die zeer goed beheerst wordt en daardoor ook gesymboliseerd kan worden.

Armen en benen vertrekken meestal nog vanuit het hoofd en zijn ook vaak op dezelfde plaats aan het hoofd gehecht. De twee evenwijdige lijnen voor de benen reiken meermaals tot onderaan de bladrand, als om steun te zoeken op een bodem. Deze lijnen zijn langer dan het hoofd en roepen niet alleen de belevenis op van benen, maar ook van een romp. Deze wordt gesuggereerd door de twee verticaal naar beneden gerichte 'vangarmen'. Abraham meent dat het kind reeds duidelijk onderscheid maakt tussen het hoofd en de romp, maar dat het nog niet in staat is een onderscheid tussen de romp en de benen weer te geven (de onderzijde van de romp kan nog niet afgesloten worden). Zij spreekt dus van een ervaring van versmelting van romp en benen en niet van hoofd en romp. Zij verwerpt hiermee de hypothese van Kellog die meent dat het kind een eenheid ervaart tussen hoofd en romp, omdat de armen nog vaak aan het hoofd gehecht worden. Cox (1993) kwam vanuit verder onderzoek tot de bevinding dat beide visies correct zijn maar dat de grootte van het hoofd in verhouding tot de lengte van de benen bepaalt waar het kind de romp situeert. Het verlengen van de benen beschouwt zij eveneens als een meer geëvolueerde overgangsfase.

Soms worden er ook knopen getekend tussen de evenwijdige lijnen die de benen voorstellen, wat er duidelijk op zou wijzen dat het om een romp gaat. In deze fase worden er gewoonlijk ook reeds armen getekend. De nadruk op de verticale dimensie wijst er volgens Abraham op dat het kind anaal goed ontwikkeld is, ook als de voeten nog niet gedifferentieerd zijn. De verdere ontwikkeling van het anale kan dan nagegaan worden via de evolutie van het tekenen van voeten. Hieruit blijkt de groeiende differentiatie ten gevolge van lustbelevingen bij de exploratie van bewegingsmogelijkheden en bij het innemen van een eigen standpunt. Die exploratie van bewegingsmogelijkheden wordt nu steeds meer beheerst zodat de benen ook symbolisch weergegeven kunnen worden. Een anaal kind identificeert zich met de voeten en beweeglijkheid als symbool van zijn onafhankelijkheid. Tussen 3 en 5 jaar worden bijgevolg ook veel grote voeten getekend als uiting van lust bij het bewegen. De tekeningen van jongens roepen vaak een associatie van beweging op. Ook de meisjes van hun kant tekenen voor de jongens langere benen. Aldus geven beide geslachten uiting aan het gevoel dat jongens een grotere motorische gerichtheid en vrijheid hebben.

Als kinderen tussen 4 en 5 jaar oren beginnen te tekenen, houdt dit waarschijnlijk een verwijzing in naar een beginnende superego-ontwikkeling: kritiek vangt men op via de oren en draagt bij tot de vorming van een geweten.

Het *kleuren* van tekeningen, zowel van eigen tekeningen als in prentenboeken, wordt nu ook een lustvolle activiteit. Kleur wordt over het algemeen begrepen als een meer affectieve dimensie. Hier begrijpen we het kleuren als een middel om de lust bij het tekenen te verhogen maar ook als een middel om voorstellingen en schema's *met affectiviteit te beladen en op te vullen* en ze aldus te verlevendigen of verder tot leven te brengen. Het is een middel om de ervaring tot volheid te laten komen en kan als een rustpunt beschouwd worden dat ter afwisseling aangegrepen wordt vooraleer weer meer nadruk komt te liggen op het vormelijk perfectioneren van de afstemming tussen voorstellingen en de eigen schema's. Royer (1977, 1989, 1995), die veel belang hecht aan het kleurgebruik in tekeningen, meent dat er pas na 6 jaar een duidelijk onderscheid ontstaat tussen omtrek en oppervlakte van de getekende objecten. Tot 6 jaar wordt ook de omtrek met kleurpotloden getekend. Nadien wordt de omtrek eerst met potlood getekend en daarna ingekleurd. Het nog langer tekenen met kleurpotloden wordt door haar van dan af beschouwd als infantilisme. Tot 6 jaar worden de kleuren nog irrealistisch volgens persoonlijke voorkeur en vooral decoratief gebruikt.

Vanaf de leeftijd van 4 jaar ondernemen kinderen volgens Osterrieth[36] rudimentaire pogingen tot het weergeven van scènes door het tekenen van meerdere personen op een blad. Dit evolueert snel naar het tekenen van de eerste landschappen. Abraham bespreekt dit als *het opvullen van het tekenblad* met bloemen, een bal, een zon en andere dingen. Dit zou volgens haar in laatste instantie verwijzen naar een behoefte aan contact: de ronde vormen zijn dan een symbolische verwijzing naar de eerste verzorgers, maar reeds op een meer abstract niveau dan in de tekening van een gelaat. Royer (1989) ziet de zon meer als een autoriteit, een vadersymbool. We zien nu ook dat naarmate de ontwikkeling vordert, de complexiteit van de tekeningen stijgt en de interpretatie dus moeilijker wordt. Abraham meent dat een kind dat op de leeftijd van 3 tot 4 jaar objecten bij zijn menstekeningen voegt, een kind is dat reeds vrij goed zijn angsten kan beheersen. De getekende voorwerpen zijn met andere woorden symbolen waardoor het zijn angsten te boven kan komen en controleren. Het is alsof de bijgevoegde objecten een kader verschaffen waarbinnen de mensfiguur zich situeert. Een kind dat zich kan situeren ten overstaan van de dingen uit zijn omgeving, heeft deze meer onder controle en heeft er aldus meer vat op.[37] Een dergelijk opvullen van het tekenblad verdwijnt later maar komt terug tijdens de puberteit.

Royer (1995) bespreekt nog een andere manier van het blad vol tekenen die ze de *'verhalende tekening'* noemt en die ze als normaal beschouwt tot 6 jaar.

36. Cit. in Hermand-Bernard (1988), p. 57.
37. In plaats van lichamelijk erdoor verlamd te worden of mentaal ingeperkt, kan het kind zijn angsten op de buitenwereld projecteren en dus gedeeltelijk onder ogen zien. Aanvankelijk is dit een stap voorwaarts maar naderhand moeten die projecties teruggenomen worden om de bewuste doorleving van de eigen angst en ook nieuwe copingswijzen mogelijk te maken.

Er is daarbij geen enkele eenheid van thema, tijd en plaats. Verschillende thema's worden op hetzelfde blad voorgesteld, ogenschijnlijk zonder onderling verband, maar ze volgen wel de associaties van het kind, soms als een verhaal.[38]

2.2.3. De volledige menstekening (omstreeks 5 jaar)

Op deze leeftijd is het kribbelstadium zeker voorbij. Het fundamentele onderscheid tussen ik en jij, tussen subject en object is voor de meeste kinderen duidelijk totstandgekomen, aldus Abraham.

Een nieuwe stap in de ontwikkeling heeft plaats wanneer het kind *in staat* is *de romp af te sluiten* en er aldus blijk van geeft deze als een afzonderlijk geheel te ervaren. Dit zou gebeuren tussen 4 en 5 jaar. Volgens Abraham zou rond 5 jaar slechts 40% van de kinderen de romp afsluiten en ze onderscheiden van de benen. Het kind tekent nu de armen en de benen in een totaal verschillende richting. Ook details om te versieren en te onderscheiden beginnen op te treden in de meer geëvolueerde volledige menstekeningen. Vaak gaat het om een soort archetypische versieringen (hoed, strikjes) die onafhankelijk zijn van actuele modetrends. Haren worden vaak niet meer weergegeven door lijnen of stralen maar door een opgevulde ruimte. De mond wordt nog steeds groot getekend. De middellijn wordt vaak met knopen geaccentueerd.

Zowel meisjes als jongens hebben de neiging om de vrouwelijke tekening groter te maken. Dit heeft te maken met het relatief grotere belang van het moedersymbool voor jonge kinderen. Dit zal nog verschillende jaren zo blijven, waarschijnlijk tot 9 à 10 jaar, aldus Abraham.

Naarmate de tekenschema's beter beheerst worden, krijgen jongens- en meisjestekeningen ook een romp die van vorm verschilt: meer rechthoekig of vierkant voor de mannelijke figuren en eerder rond of driehoekig voor de vrouwelijke figuren. Mannelijke figuren worden ook meer in beweging voorgesteld.

Het tekenen zelf is nog steeds constructief: hiermee wordt bedoeld dat tekeningen totstandkomen door het *aan elkaar hechten van segmenten* waarvoor verschillende basisvormen gebruikt worden (Fenson, 1985). Royer (1995) meent dat bij deze vorm van tekenen doorgaans een tussenruimte tussen de benen wordt gelaten waardoor de figuur eruitziet als een *'ledenpop'* met lichaamsdelen die losgekoppeld kunnen worden. Zij beschrijft dit voor tekeningen van kinderen van 6 tot 8 jaar. Ons inziens zou dit verband kunnen houden met het los van elkaar inoefenen van functies die pas gaandeweg soepel en gecoördineerd gebruikt kunnen worden. Cox situeert dit als een uiting

38. Vergelijk de 'romanciers' waarvan sprake bij Gardner & Wolf; zie I.2.1.3.

van de neiging om elk lichaamsdeel als een afzonderlijke eenheid weer te geven en elk in hun eigen ruimte, zonder overlappingen.

Toch zijn er ook transparanties in de tekeningen op deze leeftijd. Deze kan men beschouwen als een voorbeeld van de evolutie naar meer gedetailleerde tekeningen. Het kind tekent wat het weet. Luquet (1913, 1927)[39] noemt dit 'intellectueel realisme'. Freeman (1980) onderscheidt twee soorten van transparantie: de eerste soort betreft het weergeven van dingen die nooit zichtbaar zijn zoals inwendige organen of een baby in moeders buik. Hier wil het kind opzettelijk iets zichtbaar maken. De tweede soort transparantie is meer het gevolg van een kinderlijke tekenstrategie waarbij het niet weet hoe het iets dat verborgen is achter iets anders, moet weergeven. Jonge kinderen zijn dan vaak geneigd het gehele voorwerp te tekenen, ook al is slechts de helft zichtbaar.[40]

Hoe kunnen we dit alles nu psychodynamisch begrijpen? Het is duidelijk dat we in deze fase ontwikkelingslijnen en symbolen blijven terugvinden die verwijzen naar een vorige fase. Ook uit de tekeningen blijkt dat orale en anale kenmerken belangrijk blijven. De basis voor contact en verbondenheid en ook die voor autonomie is reeds gedeeltelijk gelegd maar het blijven dimensies die verder evolueren tot registers die ook volwassenen ter beschikking moeten hebben. Hoe verder een persoon evolueert, des te belangrijker de differentiatie wordt van de verschillende basisdimensies maar vooral ook de manier waarop ze in verhouding tot elkaar staan. Deze dragen bij tot de eigenheid van een harmonisch geïntegreerde persoon die, naargelang de eisen van de realiteit, op een soepele manier toegang heeft tot zijn verschillende registers.

Wat de *orale ontwikkelingslijn* betreft, verwijst de grote mond naar het relatief grote belang dat krijgen en bevredigd worden ook in deze fase nog hebben. Maar de symbolen worden stilaan abstracter, dit wil zeggen dat ze minder direct verwijzen naar de oorspronkelijke ervaringen die aan de basis ervan lagen. De ontwikkeling van de afhankelijkheidsbehoefte kunnen we beschrijven aan de hand van het verschijnen van knopen, zoals dit begrepen wordt door Halpern (1975). Zij bespreekt het tekenen van knopen in het kader van een evolutie die vertrekt van het centraal stellen van het gezicht (als uitdrukking van een sterke orale afhankelijkheid) naar een geleidelijk meer terugdringen van de afhankelijkheid. Deze evolutie wordt volgens haar opeenvolgend gesymboliseerd door het tekenen van de navel,[41] dan de knopen en ten slotte het verdwijnen van deze symbolen. De navel drukt dan uit dat het kind dat op weg is naar separatie, nog sterk begaan is met de onmiddellijke verbondenheid met de moeder. Rond 6 jaar zou dan het concept van een onaf-

39. Cit. in Thomas & Silk (1990).
40. Zie I.1.
41. Abraham situeert het tekenen van de navel meer in het licht van het zoeken naar de eigen seksuele identiteit en bespreekt dit bijgevolg ook pas in het volgende stadium. Halpern vernoemt de mogelijke seksuele betekenis van de navel wel maar werkt dit minder uit.

hankelijk zelf niet langer nieuw zijn, zodat de navel verdwijnt. De afhankelijkheidsbehoeften zijn echter nog steeds belangrijk en worden nu op een iets meer afstandelijke manier gesymboliseerd wanneer de navel vervangen wordt door een rij knopen. Deze verdwijnen slechts op de leeftijd van 8 jaar op voorwaarde dat het kind succesvol zijn problemen in verband met afhankelijkheid en onafhankelijkheid heeft opgelost.

De *anale ontwikkelingslijn* zien we niet alleen doorheen de duidelijke houding rechtop met de aanwezigheid van benen en voeten. Maar naarmate het anale verder evolueert, komt het aspect controle meer op de voorgrond. Zo menen we dat het onderaan afsluiten van de romp op de eerste plaats te maken heeft met de zindelijkheidsontwikkeling: het kind heeft zich niet alleen afgegrensd tegenover zijn omgeving, maar moet ook zijn eigen inhouden en impulsen leren controleren. Het moet zowel spanning kunnen volhouden als loslaten. Dit wordt uitgedrukt door de romp als een duidelijk omlijnd geheel weer te geven.

Op deze leeftijd blijkt ook stilaan een meer *fallische evolutie* waarbij het kind evolueert naar de beginnende voorstelling van een geseksueerd lichaam. Er wordt stilaan duidelijker onderscheid gemaakt tussen de voorstelling van meisjes en jongens, maar er zijn ook transparanties en soms duidelijk seksuele symbolen. Abraham ziet in de afsluiting van de romp onderaan een duidelijke verwijzing naar deze ontwikkeling. Zij meent dat het afsluiten van de romp slechts mogelijk is in de mate dat het oedipusconflict een oplossing gevonden heeft. Wij begrijpen dit liever als uiting van een beginnende fallische ontwikkeling maar kunnen ons verder wel aansluiten bij de uitleg die zij geeft. Het onderaan afsluiten van de romp heeft naast de verworven zindelijkheid ook te maken met de aanvaarding van de eigen geslachtelijke identiteit. Tussen 4 en 5 jaar is er immers niet alleen een grote vooruitgang in de beleving van de eigen integriteit, maar ontstaat er ook een veel duidelijker gevoel omtrent het geslacht waartoe men behoort. In dit verband ziet men op deze leeftijd vaak het fenomeen van transparantie optreden dat de aandacht vestigt op specifieke lichaamszones. De weergave van navel, genitale organen en borsten wijst erop dat het kind zich een seksueel lichaamsbeeld aan het opbouwen is. Abraham bespreekt dit als een gevolg van de behoefte van het kind om zich te identificeren met de ouder van hetzelfde geslacht, waardoor de libidinale waarde van het geïntegreerde lichaam verhoogt zodat het kind ook tot de ontdekking komt van zijn seksuele functie en van zijn mannelijke of vrouwelijke kenmerken. Wij verkiezen deze ontwikkeling nog steeds als fallisch te beschouwen en de term oedipaal voor te behouden voor de ervaring van zichzelf in verhouding tot beide geslachten en met de beleving van de eventuele conflicten die zich voordoen in de spanning tussen de geslachten en de generaties. Immers, pas na de doorleving en verwerking van conflicten ten overstaan van zijn beide geseksueerde ouders (driehoekservaring) komt ons inziens de weg vrij voor reële identificatie met de ouder van hetzelfde geslacht. Deze evolutie komt pas later en kan dus uiteraard pas nog later gesymboliseerd worden.

2.2.4. De bloeiperiode van de expressiviteit (5 tot 7 jaar)

Voor deze periode spreekt men ook van het *schematisch stadium*. Met 'schema' wordt hier niet een stereotiep vastliggend patroon bedoeld maar een soort basispatroon dat vanuit routine verworven is en het vertrekpunt vormt voor allerlei verfijningen en nieuwe schema's. Het kind ontwikkelt nu zijn eigen schema's en kan die tekenen zo vaak het maar wil. Deze schema's kunnen voor verschillende kinderen zeer verschillend zijn. Kinderen vinden aldus hun eigen oplossingen voor grafische problemen en blijken weinig nood te hebben aan richtlijnen van buitenaf. Ze zoeken op eigen kracht naar een grafische taal die tot uiting brengt wat zij willen, zonder zich er veel om te bekommeren of deze taal overeenstemt met cultureel erkende modellen (Gardner & Wolf, 1979). Het kind beschikt nu bijvoorbeeld over een schema voor een mens dat men in de meeste van zijn menstekeningen kan terugvinden. Op dezelfde wijze wordt ook het schema voor een dier op de meest verschillende dieren toegepast. De schema's of patronen die in het vorige stadium verworven werden, worden nu meer en meer *geperfectioneerd*. Alles wat gedacht kan worden, kan nu ook getekend worden. Het kind tekent echter niet zozeer wat het ziet maar vooral wat het weet of beleeft. Deze kinderen ondervinden absoluut geen hinder van het feit dat er een duidelijk onderscheid bestaat tussen een innerlijke fantasiewereld en een uiterlijke wereld van feiten. Zij omzeilen deze kloof op een vindingrijke en vaak magische wijze. Zo tekenen ze dan bomen horizontaal aan weerszijden van de straat. Het blijft in deze fase immers nog moeilijk om perspectief op een realistische wijze weer te geven.

Het kind is nu meer en meer geneigd om zeer verscheiden dingen uit zijn ervaringswereld uit te beelden (meer tekeningen van huizen, boten, auto's, vliegtuigen, enzovoort). Op deze leeftijd hechten kinderen *veel belang aan expressieve en decoratieve doeleinden* en slagen ze erin *scènes* te tekenen. Dit bracht Gardner en Wolf ertoe te spreken van de bloeiperiode van de expressiviteit.

Wat de *menstekening* betreft, zegt Abraham dat de verlengde kopvoeters nog frequent zijn maar veel beter ontwikkeld zijn dan in het vorige stadium: de details worden nu met zorg aangegeven. De neiging om het lichaam af te sluiten is nu duidelijk uitgesproken. Tussen alle mogelijke vormen voor de romp zou er een voorkeur zijn voor de rechthoek (ongeveer 50%). Soms wordt het lichaam transparant weergegeven (met de navel) en soms alsof het aangekleed is, doch de kleding wordt enkel aangegeven door knopen.

Naarmate het kind dichter bij de 6 jaar komt, worden de ledematen meer en meer tweedimensionaal getekend en vaak rijk aan details weergegeven: een hand met vingers, voeten in blokvorm (soms zeer groot als symbool van het anale zich bewegen).

De seksuele differentiatie tussen de twee menstekeningen is nu zeer duidelijk aangegeven. Het weergeven van seksuele organen is de uiting van een seksuele preoccupatie die op deze leeftijd normaal is (slechts vanaf 9 à 10 jaar is het een signaal dat verdere aandacht vereist). De tekeningen zijn nu reeds opvallend representatief en omvatten de meeste lichaamsdelen: hoofd, ogen, neus, mond, oren op de juiste plaats en de ledematen. Beide geslachten tekenen nu een geseksueerd lichaamsbeeld met duidelijke vrouwelijke en mannelijke kenmerken. Haren vormen een belangrijk seksueel onderscheid: ze zijn langer bij de meisjes en met meer zorg getekend. De kleding wordt vanaf nu een belangrijk middel om de geslachten te onderscheiden. Het lichaam van mannelijke figuren wordt krachtiger en rechthoekiger getekend. Voor vrouwen wordt het meer door een trapezium weergegeven. De evolutie van de meisjes verloopt wat sneller, vooral wat het aangeven van kleding betreft bij een goed gevormd lichaamsschema.

Vanaf 5 jaar begint reeds een overgangsfase van het kinderlijk egocentrisme naar een grotere harmonie met de omgeving die eigen is aan de latentietijd. Royer (1995) spreekt voor de leeftijd van 6 tot 8 jaar van het stadium van de *gelokaliseerde tekening*: verticaliteit is duidelijk, de tekening is gesitueerd op de bladrand of op een bodemlijn. Abraham verklaart het feit dat de tekeningen nu meer naar beneden op het blad getekend worden en waarom ze ook kleiner zijn: het kind werd reeds meer geconfronteerd met zijn eigen beperkingen, grenzen en proporties. De tekeningen weerspiegelen dit gevoel van kleinheid en beperktheid ten gevolge van de grotere aanspraken waarmee het kind geconfronteerd wordt, zowel vanuit zichzelf doorheen de verinnerlijkte eigen doelstellingen als vanuit de omgeving doorheen de opgelegde discipline van buitenaf.

Meer nog dan in het vorige stadium worden er nu details bijgevoegd die niets te maken hebben met de menstekening. In vroegere stadia werd de nood aan afhankelijkheid uitgedrukt als pure aandrift, door het tekenen van meerdere personen (moeder of vader staan als het ware letterlijk naast mij). Nu is er een verdere afgrenzing tussen de persoon waaraan men gehecht is en zijn interiorisatie. De basisbehoefte aan aanhankelijkheid wordt voortaan uitgedrukt door het gebruik van meer afstandelijke symbolen als aarde, zon, enzovoort. Dezelfde aandriften en verlangens worden dus op een meer abstracte en subtiele manier weergegeven. Het aannemen van meer gedifferentieerde symbolen laat het kind toe steeds beter zijn angsten, verlangens en conflicten en tegelijkertijd ook zijn behoefte aan veiligheid en steun uit te drukken en dat alles op een manier die noch oppositie noch verwerping vanwege de volwassene uitlokt maar die aanvaard en gewaardeerd wordt.

Men moet volgens Abraham tevens voor ogen blijven houden dat tot de leeftijd van 6 jaar het tekenniveau nog niet steeds constant blijft. Dit is te wijten aan de instabiliteit van de verschillende lichaamsschema's. Het kleine kind verwerft vlug nieuwe lichaamsbeelden maar regresseert even vlug naar vroegere meer vertrouwde lichaamsbeelden. Bijgevolg blijft het wenselijk meerdere tekeningen te laten maken.

2.2.5. Visueel realisme: de representatieve menstekening (7 tot 12 jaar)

Na 7 jaar neemt de invloed van het *realiteitsprincipe* toe en worden de tekeningen steeds meer representatief. De kinderen trachten meer natuurgetrouw te tekenen. Ze gaan ook over van het aan elkaar hechten van segmenten (constructietekenen) naar meer schetsmatig tekenen (Fenson, 1985). Osterrieth[42] noemt dit de overgang van additief tekenen naar het weergeven van meer organisch geïntegreerde gehelen. Cox (1993) spreekt van de evolutie van segmentatie naar het weergeven van contouren. Zij constateerde dat aanvankelijk vooral de bovenromp en de armen of de onderromp en de benen als een geheel worden weergegeven. De houding van de kinderen wordt kritischer en hun voorstellingen worden meer getoetst aan de realiteit. Luquet[43] spreekt hier van 'visueel realisme'. Bij de menstekening zien we dat de ledematen nu algemeen tweedimensionaal getekend worden. *Heel het lichaam wordt beter geïntegreerd en geproportioneerd weergegeven.* Belangrijk is het verschijnen van *de nek* rond 8 jaar (Halpern, 1975). Deze vormt een scheiding tussen het hoofd en de romp, tussen het intellect en de meer basale functies. Het tekenen van de nek wijst erop dat het kind zich bewust wordt van zijn nood aan intellectuele controle. Men neemt aan dat hoe meer de nek benadrukt wordt, hoe dreigender de lichamelijke impulsen zijn en hoe meer ze moeten worden afgeweerd door intellectuele controle. Het ontbreken van de nek krijgt echter slechts betekenis vanaf 10 jaar.

Meerdere auteurs onderscheiden nog een *keerpunt* in de ontwikkeling *omstreeks 9 jaar.* Een fase-indeling kan gebeuren op basis van diverse criteria en is dus enigszins arbitrair. Zo bespreekt Osterrieth de periode van 3 tot 9 jaar als één geheel op basis van schematisme en expressiviteit. De leeftijd van 9 tot 13 jaar is voor hem de periode van het conventioneel realisme. Royer (1995) trekt de aandacht op het feit dat er vanaf 9 jaar een betere integratie mogelijk wordt van tijd en ruimte en spreekt dan van de fase van de getemporaliseerde tekening (die komt na de gelokaliseerde tekening). Het is volgens haar door de integratie van ruimte en tijd dat het beter mogelijk wordt *perspectief* weer te geven. Afmetingen van objecten verschillen nu in functie van hun onderlinge afstand; lucht en bodem worden als een vlak beschouwd en worden niet meer door één enkele lijn weergegeven. Kinderen tekenen nu meer vanuit een bepaald gezichtspunt en trachten proporties en relaties adequaat weer te geven. Het keerpunt voor de beginnende integratie van dergelijke aspecten zou zich rond 9 jaar situeren. Wij hebben ons gehouden aan een leeftijdsperiode die grotendeels overeenstemt met het geheel van de latentieperiode waarin de afstemming op de realiteit op gang komt en uiteindelijk gaat overwegen ten overstaan van de onmiddellijke expressiviteit. Het keerpunt of het omslaan van de balans omstreeks 9 jaar kan daarin zijn plaats krijgen.

---

42. Cit. in Hermand-Bernard (1988), p. 45.
43. Cit. in Thomas & Silk (1990).

De *typische dynamiek van de latentiefase* brengt een geleidelijke reorganisatie op gang en is gericht op het gaandeweg ingroeien in de wereld van de volwassenen. Dit centreert zich rond twee ontwikkelingspolen. Enerzijds is het terugdringen van het magisch denken vereist, ten voordele van het logisch denken.[44] Daardoor winnen kennis en vaardigheden aan belang. Anderzijds is er ook de opgave van het ingroeien in de ruimere sociale wereld. Hermand-Bernard (1988) wijst erop dat hierbij een evenwicht gevonden moet worden tussen personalisatie en socialisatie. Met andere woorden, de socialisatie mag niet ten koste gaan van de eigen persoon. Deze twee ontwikkelingspolen zijn ook in en rond het tekenen aan de orde.

De betere afstemming op de realiteit brengt mee dat in deze fase de energie niet meer zo exclusief gaat naar het verwerven of ontwikkelen van een gepast schema voor menstekeningen en voorwerpen. De klemtoon ligt nu op het perfectioneren en versoepelen van de schema's. Het toepassen van de verworven schema's op meer en meer situaties brengt een grotere differentiatie mee. Dit komt onder andere tot stand door het weergeven van meer details en vanaf 8 jaar ook door mensen in verschillende bewegingen en met verschillende kleren te tekenen. Dieren worden eveneens volgens hun soort duidelijk verschillend voorgesteld. Het perfectioneren van de verschillende schema's loopt in ieder geval door tot 10 à 12 jaar. Naar het einde van deze fase ontstaat een groter besef van de eigen beperkingen met als gevolg dat het tekenen vermindert. Wat de *thematische uitwerking* betreft, worden tussen 10 en 12 jaar zeer *realistische beelden* getekend, bijvoorbeeld soldaten of cowboys met toebehoren. Jongens rond de leeftijd van 8 à 9 jaar tekenen vaak mannelijke figuren met een hoed, ook als een hoed geen mode is. Hiermee zouden ze zich op symbolische wijze van hun mannelijkheid willen verzekeren en hun angst hierover controleren en zo zichzelf ervan overtuigen dat alles in orde is. Meisjes tekenen handtassen, strikjes en andere versieringen (Abraham, 1963). De themakeuze draagt vaak ook de stempel van een persoonlijke interessesfeer. Daarbij streeft het kind naar een objectieve figuratie en stemt het zich af op conventies (Widlocher, 1965).[45] De bewustwording van en de aanpassing aan de realiteit primeren steeds meer terwijl de *gevoelslading eerder verdrongen* wordt en op de achtergrond geraakt. Dit kan het gevaar meebrengen van een te sterk afremmen van gevoelens. In het algemeen staan de creatieve aspecten en oplossingen niet meer centraal in de kindertekeningen. De creativiteit lijkt wat lamgelegd. Dit wordt vaak beschuldigend toegeschreven aan een eenzijdig en te rationeel opvoedingsklimaat. Al speelt dit een rol, toch is deze ontwikkeling ook een gevolg van de inspanning van het kind om zich op een meer realistische manier in te passen in de ruimere wereld rondom zich.

44. Of met andere woorden: primair procesdenken ruimt plaats voor secundair procesdenken.
45. Cit. in Hermand-Bernard (1988), p. 58.

De betere afstemming op de realiteit heeft ook sociale en affectieve dimensies. De eigen *inpassing in de sociale orde* wordt een belangrijke bekommernis. Een grotere differentiatie van gevoelens wordt ook mogelijk. Het ontlenen van schema's, dat in deze fase vaak voorkomt, begrijpen we als een vorm van *experimenteren met verschillende identificatiemodellen* (Gardner & Wolf, 1979; Sucaet, 1990). De tekeningen in poëziealbums bijvoorbeeld staan sterk onder elkaars invloed en het overnemen van clichés is courant. We begrijpen dergelijke identificatie met schema's van anderen als een poging om zich sociaal aan te passen. In deze fase beschouwen we het ontlenen van schema's vooral als een verruiming van de eigen horizon. Hermand-Bernard benadrukt dat de clichés ook overstegen moeten worden. Dit wil zeggen dat het kind de ontleende clichés moet leren benutten voor meer persoonlijke expressie door er bijvoorbeeld eigen elementen en klemtonen aan toe te voegen. Daardoor wordt de creativiteit nu subtieler en complexer.

Dolto (1989) zegt met spijt dat de magie nu verdwenen is uit de kindertekeningen. De symbolen zijn minder massaal en dringen minder duidelijk door tot aan de oppervlakte. *Persoonlijke betekenis ligt nu meer vervat in een geïndividualiseerde thematische uitwerking, in subtiele verhoudingen, in selectieve voorkeur en klemtoon bij de vormgeving. Tegenstrijdige verlangens en emotionele problemen zijn* volgens Dolto vooral *te achterhalen wanneer regressieve beelden doorbreken naar de oppervlakte.* Ze komen dan tot uiting via afwijkende vormgeving, lacunes, een primitiever lichaamsbeeld en ongewone grafische kenmerken of in typische decoratieve elementen. In een diagnostisch proces zal het bijgevolg belangrijk zijn te achterhalen hoe diep emotionele problemen de vormgeving of uitwerking van een thema vertekenen.

2.2.6. Kritische capaciteiten (na 12 jaar)

Dit is een volgend belangrijk keerpunt. Eigenlijk ontstaat er reeds vanaf 10 jaar een groeiende mistevredenheid met de eigen schema's. De kinderen geraken steeds beter aan de realiteit aangepast en beseffen nu duidelijk wanneer hun tekeningen de werkelijkheid geweld aandoen. Koppitz (1984) stelt dat tekenen niet langer een natuurlijke activiteit is bij kinderen van 11 tot 14 jaar. Er komt ook een einde aan de toenemende detaillering van de tekeningen. Zodra jongeren de puberteit bereiken, worden ze erg zelfbewust en kritisch ten overstaan van hun tekenvaardigheid. Vaak tekenen ze heel snel en zonder zorg. Sommigen tekenen slechts schetsen zonder veel inspanning, anderen maken heel stereotiepe figuren of cartoons. Koppitz onderscheidt vier groepen van kinderen die wel vreugde blijven scheppen in het tekenen: de artistiek begaafde jongeren; de kinderen met verminderde taalvaardigheid en waarvan de sterkte zich situeert op visuomotorisch vlak en in non-verbale communicatie; onrijpe adolescenten die emotioneel, sociaal en mentaal een achterstand vertonen van 2 à 3 jaar; emotioneel gestoorde jongeren die geregresseerd zijn in hun gedrag en functioneren. De meeste van deze jongeren blijven tekenen prettig vinden en zijn nog bereid een menstekening te maken op een moment dat rijpere en minder getalenteerde jongeren hebben opgehouden met tekenen. Anderzijds is het volgens Koppitz zo dat bij deze leeftijdsgroep de capaciteiten van artistiek begaafde jongeren gemakkelijk overschat worden.

Het *overwicht van het realiteitsprincipe* maakt dus dat pubers zich nu nog meer dan de kinderen uit de vorige fase bewust worden van hun beperkingen. Het is dan ook belangrijk om na te gaan hoe zij op het terrein van het tekenen *omgaan met de ervaring van dat tekortschieten.*

- Sommige kinderen stoppen met tekenen of scheuren hun tekeningen ontgoocheld kapot. Ook veel volwassenen zijn niet verder geraakt dan dit stadium. Zij zijn het egocentrisch zelfvertrouwen in spontane uitingen en producten van hun verbeelding verloren. Hun vroegere originaliteit wordt nu beschouwd als fout, onbekwaamheid of naïviteit.
- Voor anderen is dit tekortschieten een stimulans voor een meer verbale ontwikkeling.
- Sommigen nemen hun toevlucht tot kalmerend tekenen van geometrische figuren waarin de zelfexpressie verdoezeld blijft.
- De onzekerheid van pubers vindt ook uitdrukking in het vaak herbeginnen van hun tekeningen; op deze leeftijd is dat normaal.
- Vele jongeren zijn nu echter geneigd zich aan het aftekenen te zetten van allerlei dingen uit beeldverhalen bijvoorbeeld, waar ze pasklare schema's vinden zodat ze geen beroep meer hoeven te doen op hun eigen creatieve mogelijkheden. Dit grijpen naar clichés die ze imiteren of zelfs calqueren, kan belangrijk zijn als het leidt naar een verruiming van de eigen expressiemogelijkheden, maar wordt problematisch als de expressie zich verengt tot louter clichés. Een tussenoplossing is eventueel het zelf tekenen van strips: we kunnen dit zien als een compromis tussen het creatieve van het eigen verbale verhaal dat tot uiting gebracht wordt met ontleende beelden.
- Nog anderen lossen het probleem op het niveau van het tekenen zelf op (Sucaet, 1990). Vertrekkende van een mislukte tekening komen zij via het overdrijven van die mislukking tot het tekenen van karikaturen.
- Enkelen nemen de uitdaging op om hun tekentechnieken te verfijnen zodat het resultaat een kritische toets kan doorstaan.

Centraal in de puberteit staan echter de belangrijke *veranderingen in het lichaamsschema* en de aanpassingsmoeilijkheden in het algemeen. Dit brengt mee dat er in deze fase meer weigering om te tekenen optreedt. Deze weigering is meer gebaseerd op emotionele remming dan op oppositie. Ook het meer toevoegen van andere objecten, vooral voorwerpen, kan een middel zijn om hun angst te beheersen.[46] We volgen verder de interpretaties volgens Abraham (1963). Als pubers toch een doorleefde menstekening maken, bieden ze vaak een sterk geregresseerd zelfbeeld, dat echter extreem geïndividua-

46. Zie I.2.2.2.

liseerd is. Ze trachten vooral de zones van spanning en conflict te vermijden en tekenen vaak slechts een buste. Met het weglaten van het lichaam geven ze aldus uiting aan hun belevenis van een onsamenhangend lichaam. *Reeds het weergeven van de vorm van het lichaam kan de puber moeilijk vallen*: door de weglating of de weigering tracht hij de spanning te vermijden die verbonden is aan de expressie van zijn probleem. Maar tegelijkertijd wordt ook de eigen bewustwording van de problemen vermeden. Het geregresseerd zelfbeeld blijkt onder andere uit weglatingen, armoede aan details, gedisproportioneerde tekeningen. Ook het tekenen van verborgen handen is typisch voor pubers en heeft mogelijk te maken met schuldgevoelens rond masturbatie.

Voor deze leeftijd wordt ook een *narcisme van het lichaam en de kleding* beschreven. Dit zou wijzen op een gezonde zelfliefde. Abraham (1963) meent dat meisjes vaak brede rokken en koninginnenkledereren tekenen, ook als dat helemaal geen mode is.[47] Deze hebben betrekking op seksuele fantasieën en wijzen erop dat seksuele en vruchtbaarheidsverlangens goed geïntegreerd zijn. Attitudes die wijzen in de richting van seksuele maturatie worden tot uiting gebracht in de wijze waarop de borstzone, de onderzijde van de romp, het conflict beneden de taille worden weergegeven. Sommige jongeren hebben nu de neiging om zelfportretten te tekenen en geven zo uiting aan hun zoektocht naar de eigen individualiteit.

Afweer tegen maturatie zien we in het onderdrukken of vermijden van de seksuele karakteristieken, bijvoorbeeld door juist de borstkas te accentueren in plaats van borsten weer te geven (wat wijst op het beschermen van hun lichaamsgrenzen). Ook de wespentaille die vaak wordt getekend, is een uiting van het geforceerd terugdringen van lichaamsimpulsen (Abraham).

Meisjes zouden nu geneigd zijn om meer links bovenaan het blad te tekenen en benadrukken daarmee hun gerichtheid op innerlijk beleven. Jongens tekenen meer rechts van hun blad en brengen zo hun grotere gerichtheid op actie tot uiting. Hier volgt Abraham de ruimtesymboliek die we verder nog ter sprake zullen brengen.

We staan ten slotte nog even stil bij enkele beschouwingen van Tisseron (1985, 1987) omtrent het verdere verloop van dynamische processen die in de loop van de ontwikkeling met het tekenen verbonden waren. Tisseron betreurt dat in deze fase het plezier aan de gebaren die aan de basis liggen van het tekenen alsook het plezier in de grafische vindingrijkheid grotendeels 'verbrijzeld' zijn door het nastreven van gelijkenis met de conventionele beelden die gelden in een bepaalde cultuur. Dit gaat ten koste van de typische eigen mogelijkheden van het beeld. Hij herinnert eraan dat grafische activiteit voor het jonge kind het geprivilegieerde terrein is waar, op een speelse manier,

47. Verder onderzoek zou toch wel wenselijk zijn om na te gaan of archetypische voorstellingen als hoeden en koninginnenkleren intussen wat geactualiseerd werden.

de continuïteit verzekerd wordt tussen gebaar en woord. Bij het tekenen kreeg het kind, door een samenspel van zien en eigen actie, toegang tot een betekeniswereld. Tisseron is de mening toegedaan dat het lezen van stripverhalen in de puberteit en de verdere adolescentie de functie kan overnemen van het vroegere tekenen.[48] Ook *stripverhalen* dragen hun steentje bij tot het vestigen van een wereld van taal en betekenis: de woorden van de personages dubbelen en versterken de betekenis van hun mimiek en gebaren. Zo laat het lezen van een beeldverhaal het moment herleven van het benoemend ontdekken van de wereld en het genieten dat daarmee verbonden is. Bij het stripverhaal verloopt dit nog enkel via het zien, zodat dus een verdere stap gezet wordt onderweg naar abstractie. Het strakke logisch en realiteitsgericht denken dat in de vorige fase overwicht kreeg en in de adolescentie verworven is, wordt hierdoor weer enigszins gecorrigeerd door een taal die geworteld blijft in onderliggende beelden. Hierbij krijgt de affectieve betekenis opnieuw een duidelijk geïntegreerde plaats. Stripverhalen geven gelegenheid tot oefenen in het ontcijferen van tekens van allerhande aard: somatische, motorische, beeldende expressie, taal. Het beeldverhaal is volgens Tisseron gericht op de coördinatie van deze verschillende invalshoeken en dit op een wijze waarin taal en beeld niet tegengesteld zijn aan elkaar en waarin ze ook geen hiërarchische verhouding hebben. Bovendien tonen stripfiguren dat taal zowel letterlijk en concreet geïnterpreteerd kan worden als op een logische en meer abstracte manier gebruikt kan worden.[49]

Tisseron werkt tevens verder uit hoe de inhoud en de structuur van het beeldverhaal ertoe bijdragen dat thema's van separatie-individuatie op een hoger niveau geactualiseerd en geëlaboreerd worden, zodat verdere verwerking ervan bemiddeld wordt.

2.2.7. Eindpunt van de tekenontwikkeling

Gardner en Wolf bespreken ook een eindpunt voor de ontwikkeling van het tekenen, namelijk het gebruiksklaar samengaan van perceptuele en performatorische capaciteiten. Dit blijft echter een ideaal: "Slechts bij kunstenaars vervloeien beide tot een naadloos repertoire." Het beschikbaar repertoire vereist bovendien een geïntegreerd samenspel van nog andere persoonlijkheidsdimensies zoals affectiviteit en fantasie.

Vanuit een gedifferentieerde beheersing van al deze aspecten slagen kunstenaars er dan in over te gaan tot doelgerichte vertekeningen met het oog op communicatie van emoties. Tisseron trekt de aandacht op de werkwijze van

48. Deze evolutie wordt ons inziens reeds ingezet tijdens de latentiefase waar de stripverhalen eveneens veel bijval hebben.
49. Tisseron (1985, 1987) onderbouwde zijn ideeën vooral vanuit een analyse van de Kuifjesverhalen van Hergé. Hierin vertegenwoordigt Kuifje de logische pool en de figuren van Janssen en Janssens of Haddock een meer kinderlijk impulsieve pool.

Picasso, die eerst een lijn trekt (een gebaar) en deze daarna één of meerdere betekenissen geeft. Tisseron stelt zich hierbij de vraag of de vrijheid van Picasso's tekenen misschien te maken heeft met het feit dat hij het tekenen van ongecontroleerde lijnen heeft kunnen verzoenen met het heropnemen van die lijnen in een grafisch project.

Maar ook als de verschillende invalshoeken en hun samenspel slechts op een meer alledaags niveau beheerst worden, bieden tekeningen toch een neerslag van het typisch en persoonlijk gekleurd evenwicht van het geheel van de betrokken persoonlijkheidsdimensies. Deze waren in opeenvolgende fasen met verschillende klemtonen aan de orde en moeten nu verder uitgebalanceerd en geïntegreerd worden.

2.2.8. Slotbeschouwingen

Elke tekening biedt ons een momentopname waarin verschillende persoonlijkheidsaspecten minder of meer aan de orde zijn en minder of meer deel uitmaken van een geïntegreerd samenspel. Tekeningen bieden ons dus een niet te verwaarlozen aanduiding van een basale manier van in de wereld staan. De meerduidigheid van beeldtaal blijft hierbij behouden en maakt de rijkdom uit van deze non-verbale invalshoek. De formulering van Handler-Spitz (1988) lijkt ons ook hier van toepassing:

> "Against prevailing intellectual fashion, which exalts the word at the expense of the image, I have argued here for a reconsideration of the (artistic) image as a primary, *originary ordering* of inner and outer, conscious and unconscious, perceptual, cognitive, affective and kinaestetic experiences." (p. 126, eigen cursivering)

Zij pleit ervoor het beeld op een veel basaler niveau recht te laten wedervaren en de verwoording of het verbale niet hiërarchisch bovenaan te plaatsen. Het komt erop aan het moment van wisselwerking tussen beide naar voren te halen waarbij woord en beeld een evenwaardige bijdrage leveren. Het beeld sluit daarbij meer aan bij de oorspronkelijkheid van de ervaring. Toch moet voor haar de verwoording het eindpunt vormen om de vluchtigheid van de ervaringen te kunnen vasthouden en overstijgen.

Fleck-Bangert (1995) trekt de aandacht op de *ordenende functie van kindertekeningen*: de expressie in tekeningen van indrukken, ervaringen, emoties en verlangens kan voor het kind een hulp zijn om deze op eigen kracht een plaats te geven, te verwerken en te overstijgen. Het werken met beelden kan speels en plezierig zijn. Zijzelf bespreekt een voorbeeld van het associatief verloop van enkele tekeningen uit de kleuterperiode van haar dochter. Al tekenend kwamen ervaringen aan de oppervlakte die haar beangstigd hadden. Deze werden eerst vermeden door het tekenen van andere, associatief opgeroepen, meer beveiligende beelden. Ook verbale associaties hielpen daarbij. Dit proces van verruimen en beheersen van angsten ging nog een tijdje door tot het thema losgelaten kon worden. We zouden hieraan willen toevoegen dat een beangstigende fantasie die binnen de grenzen van een tekenblad bevat kan worden, in zekere zin reeds afgebakend en overzien kan worden. Het kind kan het spook op een tekening onder controle houden, de dreiging doseren die ervan uitgaat. De tekening kan ook weggestopt worden in een spel van naderen en vluchten. Tijdens dit proces kunnen beelden tevens verbonden worden met taal en aldus eventueel bijdragen tot communicatie. Het denken van kinderen verloopt nog erg concreet en tekenen is voor hen meer dan voor volwassenen één van de concrete manieren waarop ze ervaringen bijhouden en ordenen met wisselende accenten en invalshoeken.

Wanneer de ontwikkeling problematisch verloopt en de spontane communicatie verstoord geraakt, kan het belangrijk zijn te leren aansluiten bij de spontane beeldtaal van het kind. Wetende dat een verbale formulering uiteraard geen allesomvattende verklaring kan bieden, zullen we nu trachten enkele aangrijpingspunten aan te reiken om een diagnostisch georiënteerde verwoording van deze beelden te bemiddelen. Daarbij willen we ten volle de directheid en de oorspronkelijkheid van de grafische uitbeelding benutten.

Deel II

Het diagnostisch gebruik van kindertekeningen

1. Interpretatief kader

Bij de bespreking van de evolutie van tekeningen werd reeds gewezen op de complexiteit van het tekenen en de vele psychische processen die erin tussenkomen. Wanneer we aan de hand van tekeningen aan diagnostiek willen doen, kan die complexiteit niet weggecijferd worden maar moet een tekening beschouwd worden als *"getuige van de psychische organisatie"*, aldus Osterrieth en Cambier (1976). Zij omschrijven dit als volgt:

> "De tekening doet zich aan ons voor als een min of meer hiërarchisch geordende staalkaart van motorische, perceptuele, cognitieve, experiëntiële, affectieve, motivationele componenten, eigen aan de psychische organisatie van de tekenaar, en gevat in hun dynamische interacties; het komt ons voor alsof de tekening heel de gedragsmatige organisatie van de tekenaar impliceert, zoals deze effectief functioneert in al haar complexiteit, in de realiteit van een bepaalde situatie en van een gegeven culturele context. En in dit functioneren komen alle instanties tussen, vermengd en op verschillende manieren inwerkend, zoals bij elke aangepaste gedraging. (...) Dan is het niet meer mogelijk de tekening te herleiden tot een uiting van de motorische vaardigheid of van de grafische vlotheid van de maker, of ze louter te beschouwen als het product van zijn cognitieve functies of als weerspiegeling van zijn informatieniveau. Men kan zich niet meer veroorloven er alleen nog een projectie in te zien van het lichaamsbeeld van de tekenaar of één of ander omzetten van een aanvoelen van zijn fysieke of psychosomatische toestand. Tenslotte is het niet meer mogelijk om er alleen maar een uiting in te zien van wat men gewoonlijk benoemt als affectiviteit, libidinale organisatie, of louter de uitdrukking van onbewuste mechanismen. *Omdat de tekening dat alles is, tegelijkertijd en in onderlinge samenhang.*" (p. 298, eigen vertaling en cursivering)

Royer (1995) trekt de aandacht op het onophoudelijk in beweging zijn van deze organisatie, die opborrelt vanuit de geheime smeltkroes van de psyche, waar gevoelens, ideeën en acties ontstaan. Een momentopname daarvan zal in de tekening in een beeld worden vastgelegd. Toch kunnen we heel deze organisatie niet zomaar in één moment of één beeld omvatten. Hermand-Bernard wijst op het feit dat elke opgave voor het maken van een tekening aanleiding geeft tot een compromis tussen innerlijke beelden die zich opdringen rond dat bepaalde thema en de wens om een tekening te maken met voldoende respect voor de realiteit. Binnen deze balans willen wij ons vooral toespitsen op de *belevingsdimensies* die door tekeningen worden opgeroepen of waarnaar deze soms ook rechtstreeks verwijzen. We menen dat tekeningen op dit vlak een originele bijdrage kunnen leveren. Andere aspecten van de persoonlijkheid van het kind kunnen ons inziens adequater geëvalueerd worden met andere middelen.

Als toegangspoort voor een diagnostisch proces richten we ons op de voorstellingen die het kind bij het tekenen benut en op een persoonlijke manier vorm geeft. Deze representatiewereld en de affecten die ermee gepaard gaan, beschouwen we als *de 'neerslag' of het resultaat van de levensgeschiedenis van het kind.* Kinderen moeten immers voor het maken van tekeningen teruggrijpen naar voorstellingen die zij zich vormden van de werkelijkheid. Naargelang de omstandigheden zullen ze meer putten uit aangeleerde of gesocialiseerde beelden en er meer of minder fragmenten van vroegere of actuele affectieve beleving in verwerken. De opgeroepen associaties zijn niet alleen een mengeling van bewuste en onbewuste elementen, maar kunnen ook te maken hebben met een samenvloeien van droombeelden en reële ervaringen.[1] Bovendien maakt het kind ook zelf deel uit van de wereld of de werkelijkheid die het tracht weer te geven. Een banaal materieel voorwerp roept niet alleen een voorstelling van het voorwerp zelf op maar ook de verhouding die het kind ermee heeft. Zo kan een teddybeer verwijzen naar allerhande zintuiglijke en affectieve aspecten; een bal kan een uitnodiging tot activiteit oproepen; een potlood kan geassocieerd worden met prestatie. Dit alles wordt tevens beïnvloed door een wereld van tussenmenselijke relaties.

Er zijn verschillende processen waarlangs de neerslag van de eigen levensgeschiedenis totstandkomt. Zo bepalen waarneming en geheugen hoe een persoon op een typische wijze zijn indrukken vormt, ordent en bijhoudt. Bij het tekenen is er daarna de schakel van het oproepen van die voorstellingen. Brakel (1993) staat wat langer stil bij deze schakels en bespreekt aspecten van het *kinderlijk geheugen en denken.* De eerste ervaringen na de babytijd worden opgeslagen in een zogenaamde 'pictorial past'. Ze worden vooral bijgehouden in de vorm van picturale voorstellingen. Dit is dus reeds een mentale manier van bijhouden van ervaringen, die meer gedifferentieerd is dan bij automatismen op gedragsvlak.[2] Brakel spreekt van een *picturale manier van denken* die volgens haar vanaf het begin verloopt *in interactie met verbale aspecten,* maar deze blijven in een eerste fase meer secundair. Er zou een keerpunt komen omstreeks de leeftijd van 6 jaar. Vanaf dan verloopt het denken en het zich herinneren overwegend langs verbale en meer abstracte kanalen. Hiermee zou ook de kindsheidsamnesie verklaard kunnen worden: de picturaal opgeslagen

1. Zie ook Royer (1995) en Hermand-Bernard (1997).
2. Zie ook Lecours & Bouchard (1997).

vroege ervaringen zouden moeilijk bereikbaar zijn via de nieuw verworven denkprocessen. *Voorstellingen en herinneringen zijn*, volgens Brakel, *totaalbeelden die vorm krijgen doorheen een pendelbeweging tussen twee denkstijlen die complementair zijn voor het benaderen van éénzelfde ervaringsgeheel.*[3]

Het is vooral deze laatste conclusie waarbij wij ons willen aansluiten. Tekeningen hebben immers te maken met hetzelfde proces, maar meer op het niveau van 'output' of de materialisatie van dergelijke beelden in een gekozen expressievorm die zich binnen bepaalde materiële grenzen van de realiteit situeert (blad, potloden, verf, enzovoort). Om een tekening te realiseren moeten kinderen zowel picturale als meer abstracte denkstijlen benutten bij het vorm geven aan een project.

Het gebruik van kindertekeningen in het kader van psychologisch onderzoek sluit aan bij het feit dat vooral jonge kinderen vaak gemakkelijker hun gevoelens en ervaringen in grafische beelden en symbolen tot uiting kunnen brengen, vooraleer ze deze in abstracte termen kunnen weergeven. Zeker voor hen is het tekenen, net als het spel, een belangrijke toegangsweg tot het begrijpen van hun beleveniswereld. Toch situeert het merendeel van de aangemelde kinderen in hulpverleningscentra zich in de leeftijdsgroep van zes tot ongeveer twaalf jaar. De tekenopgaven en heel wat van de verwerkingsmodaliteiten zijn eveneens het meest uitgewerkt in functie van de verwachte evenwichten en nuanceringsmogelijkheden van deze leeftijdsgroep. Deze leeftijdsgroep ervaart het tekenen doorgaans als een lustvolle activiteit waarin ze allerlei ervaringen oproepen en vorm geven. Dit proces kan beschouwd worden als een vorm van denken of mentaal bezig zijn rond een thema, dat nog ondersteund en gaande gehouden wordt door de picturale uitwerking. Het reikt een basis aan voor het bemeesteren, overdenken en afstand nemen van ervaringen. Wanneer kinderen onder grote spanning staan of in problemen verstrengeld zitten, kan dit een min of meer ernstige weerslag hebben op hun gewone expressie- en communicatiemogelijkheden. Soms verliezen ze de lust in hun spontane expressie. Bij andere kinderen ontstaat er dan een kloof tussen hun wijze van zich voordoen en hun reële ervaringen. Deze kunnen wel langer blijven doorschemeren via non-verbale expressiekanalen. In kinderpsychologisch onderzoek ontmoeten we meermaals kinderen die enkel in de non-verbale zone nog tot zinvolle en doorleefde expressie kunnen komen. Meestal komt het er echter op aan de persoonlijke balans te leren zien die het kind tot stand brengt tussen regressieve expressiepatronen en een meer evenwichtige vormgeving die overeenstemt met zijn leeftijd. Zo kan men bijvoorbeeld trachten te onderscheiden op welke terreinen de beleving het meest afgevlakt of ingeperkt wordt, waar impulsiviteit doorbreekt of alles gaat overheersen.

3. Brakel benut deze achtergrond om ervoor te pleiten ook bij volwassenen in analyse in de mogelijkheid tot tekenen te voorzien als een complementair spoor voor vrije associatie dat een toegang kan bieden tot andere ervaringsaspecten.

Voor het inschatten van dergelijke patronen kan beeldtaal een belangrijk diagnostisch hulpmiddel aanreiken.

2. Diagnostische vraagstelling

Tegen de achtergrond van het geschetste kader zullen we nu trachten onze diagnostische vraagstelling verder te preciseren. We gaan ervan uit dat kinderen bij het tekenen teruggrijpen naar ervaringen die hen getroffen hebben of die een meer diepgaande invloed gehad hebben op de vorming van hun persoon. Om een tekening te realiseren moeten ze bovendien teruggrijpen naar technieken en denkstijlen die doorheen hun voorbije geschiedenis vorm hebben gekregen. Vanuit het concrete tekenproces en de uiteindelijke tekening willen we opnieuw voeling krijgen met aspecten van het oorspronkelijke ontwikkelingsproces en de typisch persoonlijke dynamiek. Wij willen onze aandacht toespitsen op de volgende dimensies[4]:

- Uitgaande van tekeningen zoeken we naar *typische of overwegende belevenisinhouden*. Dit is geen poging om reële feiten of ervaringen te reconstrueren, maar wel een zoektocht naar kernthema's of kernconflicten. We proberen te achterhalen welke dynamieken doorheen de levensgeschiedenis centraal zijn komen te staan.
- Het is echter niet genoeg te weten wat iemand bezighoudt. We moeten ook nagaan hoe iemand omgaat met zijn kernthema's. We hebben het hier over *copings- en afweermechanismen* die zich doorheen de levensgeschiedenis gekristalliseerd of gemodelleerd hebben tot een min of meer diepgaande vorm of plooi (structuur) die het functioneren van de persoon heeft aangenomen. Waar situeren zich tekorten, disharmonieën, zwakke plekken? Wat is stevig en betrouwbaar uitgebouwd? Enzovoort.
- Tegelijk willen we ook evalueren hoe kernthema's en copingswijzen aan de orde zijn in *relaties*. We gaan dit na in de hier-en-nu-relatie met de onderzoeker maar ook in de voorstellingen die het kind heeft over zichzelf in relatie met significante anderen. Kan eventueel slechts een beperkt aantal thema's in directe relationele communicatie tot expressie komen? Verwacht het kind al dan niet terecht bepaalde reacties vanuit zijn omgeving, met het gevolg dat hierdoor sommige copings- of afweermechanismen op de voorgrond staan of andere onderontwikkeld blijven?

Het benutten van de specifieke inbreng van non-verbale communicatiemiddelen voor het achterhalen van dergelijke processen is niet eenvoudig. Expressies zijn immers steeds meerlagig en blijven voor meerdere interpretaties vatbaar. We zullen dus noodgedwongen onze benadering langs verschillende

4. Het algemene kader van deze diagnostische benadering steunt op Cluckers (1985) en op de diagnostische seminaries van de opleiding Kinderpsychotherapie, K.U.Leuven, met medewerking van K. Breesch.

sporen moeten aanvatten en *een zone van mogelijke interpretatie afbakenen* (Osterrieth & Cambier, 1976). Deze moeilijkheid zullen we voor een deel trachten te reduceren door de discipline die we in acht nemen bij het verzamelen en verwerken van het materiaal. Maar eerst zullen we het benutten van kindertekeningen nog wat verder situeren in het diagnostisch proces dat we beogen.

3. Situering in een ruimer diagnostisch proces

Wanneer we tekeningen benutten als onderdeel van *individueel belevingsonderzoek bij kinderen*, moeten deze steeds gezien worden in het licht van het breder diagnostisch proces waarvan ze deel uitmaken. Uiteraard heeft een individueel onderzoek pas zin nadat de plaats ervan in de gezinsdynamiek zorgvuldig is afgewogen en vereist het dat ook tijdens het onderzoek de invloed van actuele gezinsinteracties in rekening gebracht wordt.[5] Dit aspect zullen we slechts zijdelings ter sprake brengen wanneer we het hebben over familietekeningen.[6]

Het proces dat ontstaat tijdens een individueel belevingsonderzoek, vertrekt vanuit een *relationele context*. Dat tekeningen ingebed zijn in het geheel van een diagnostisch onderzoek, betekent dus op de eerste plaats dat ze totstandkomen *binnen een speciale relatie*. Het zijn niet zomaar gewone toevallige tekeningen maar wel tekeningen die ontstaan *tegen de achtergrond van een hulpvraag*. Ook als deze hulpvraag niet bewust aanwezig is bij het kind zelf, zorgt de volgehouden poging van de onderzoeker om zich zo precies mogelijk af te stemmen op de specifieke kwetsbaarheden van elk kind voor een bijzondere intensiteit en lading. De aangeboden relatie is erop gericht bij te dragen tot de expressie van bekommernissen. Men kan natuurlijk niet verwachten dat elk kind op bewust vlak zijn nood aan hulp tot expressie kan brengen. Bij sommige kinderen situeert de grootste kwetsbaarheid zich precies rond het feit van hulp nodig te hebben, van niet alles alleen aan te kunnen. Doorgaans heeft het kind wel weet van door de ouders geformuleerde problemen en voelt het minstens vaag aan dat het individuele onderzoek zijn kans is om dingen over zichzelf te kennen te geven die hun weg niet vinden naar een helpende communicatie in het gezin.[7] Precies deze noden die slechts heel moei-

5. Zie Stiers & Cluckers (1996) en Stiers & Sucaet (1997).
6. Zie III.1.4.
7. Tekeningen die klassikaal verzameld worden, bevatten minder verwijzingen naar emotionele problemen dan tekeningen die gemaakt worden tijdens een individuele relatie met een ontvankelijke en begrijpende volwassene, zo meent ook Koppitz (1968). Tekeningen in klasverband worden doorgaans opgenomen als een gewone taak of een aangename afwisseling. De kinderen zijn dan doorgaans gericht op goedkeuring en bevestiging en minder op het meedelen van een boodschap omtrent hun diepe bekommernissen, tenzij ze zozeer overspoeld zijn door deze diepere angsten en gevoelens dat ze er nog onvoldoende controle over kunnen houden (p. 78).

zaam een doorgang vinden voor bewuste doorleving, worden soms heel herkenbaar tot uiting gebracht in tekeningen.

De opgave om de meest geschikte invalshoek te vinden voor communicatie met het kind stellen we centraal in het belevingsonderzoek. Dit wil zeggen dat we de zone willen helpen omlijnen waarbinnen het kind in staat en bereid is tot het delen van betekenissen.

Een louter verbale verkenning van problemen laat geen onmiddellijke materiële sporen na van het gespreksverloop en de wijze van denken en formuleren. Het verwerken van een audio-opname is omslachtig. Bij de analyse en de evaluatie van tekeningen hebben we het voordeel dat tekeningen in één oogopslag in hun globaliteit te overzien zijn. Thema's worden op een minder vluchtige manier aan de orde gebracht. Bij het tekenen wordt immers gevraagd dat inhouden grafisch worden vastgelegd en toonbaar gemaakt. Veranderingen onderweg laten ook meestal sporen na. Maar laat ons nu terugkeren naar *het concrete tekenproces en de diagnostische mogelijkheden die erbij aansluiten.*

- We beschouwen het tekenen als een *creatieve act* waardoor in een transitioneel proces een innerlijke en een uiterlijke realiteit tot eenheid gebracht worden (Abraham, 1963; Rose, 1980). Hierbij komen een gevoelswereld en de daarbij horende stuwingskracht tot expressie doorheen een persoonlijke schepping in een materiële vorm in de uitwendige realiteit. In die vorm kan men iets van zichzelf en van de eigen kijk op de wereld tot uiting brengen, maar kan men ook de wereld omvormen en meer afstemmen op de eigen verlangens. Tekenen is bijgevolg een middel om al spelend te experimenteren met gevoelens, gedachten, strevingen, die stammen uit een innerlijke wereld en deze op een symbolische en vrijblijvende manier vast te leggen in een uiterlijke wereld. Tegelijk krijgen die voorstellingen pas vaste vorm door ze om te zetten in een symbolische expressie. Wanneer we hierbij ook de zienswijze van Brakel (1993) betrekken, kunnen we beter *begrijpen hoe het kind de spanning moet vasthouden om aan een reëel project vorm te geven en daartoe in een pendelbeweging voortdurend moet aftasten in welke mate de gerealiseerde vormgeving overeenstemt met zijn voorstellingen.*[8] Deze vorm van denken verloopt via het manipuleren en op elkaar afstemmen van beelden. Osterrieth en Cambier (1976) beschrijven hoe ook toevalligheden die uit het potlood vloeien, evenzovele uitdagingen zijn om schema's te vernieuwen en verder aan te passen. Het kunnen benutten van uitschuivers vereist een zekere openheid en soepelheid en doet dus een beroep op dezelfde pendelbeweging. Het motorisch gebaar waardoor de tekening gerealiseerd wordt, is bovendien ook doordrenkt van de affectieve schommelingen die dit proces vergezellen.

8. Ook Ogden (1985) tracht transitionele processen te verduidelijken door ze te beschrijven als een dialectiek tussen tegenpolen die volgens hem pas doorheen die wisselwerking als dusdanig ervaren kunnen worden.

- Het totstandkomen van een tekening is, net als elk gedrag overigens, het resultaat van *afweer en expressie.* De voorstellingen van jonge kinderen worden echter nog in sterke mate beheerst door innerlijke en onbewuste krachten. Dit geeft aan hun tekeningen ook een spontane uitdrukkingskracht die wij als volwassenen hen soms benijden. Maar zoals we reeds zagen, vermindert het aandeel van op directe expressie gerichte innerlijke krachten in de loop van de ontwikkeling en ontstaat er een betere mentale beheersing van verlangens en fantasieën. Daardoor komt er ruimte waarbinnen het kind meer en meer kan proberen de wereld om zich heen natuurgetrouw weer te geven. De evolutie verloopt dus in de richting van een groter belang van abstractie, vorm en realiteit.[9]

We zullen dus moeten nagaan welk *al dan niet harmonisch compromis* of evenwicht totstandkomt tussen innerlijke krachten en de afstemming op de realiteit. Dit bereikte compromis kunnen we dan gaan vergelijken met het evenwicht dat men doorgaans op een bepaalde leeftijd kan verwachten. Maar wanneer de ontwikkeling stagneert of slechts heel moeizaam vordert, verliest de voortkabbelende harmonie tussen expressie en afweer zijn vanzelfsprekendheid en geraken sommige zones grotendeels door afweer overwoekerd. Tekeningen laten dan soms even zien wat er achter de schermen broedt maar niet tot bevredigende ontplooiing komt.

> "Bij veel probleemkinderen kunnen wij zulke expressies typeren als 'een lek in het zwijgen' (Bernlef). Zij tonen daarmee dat een bres werd toegelaten in de defensieve afdamming van de innerlijke wereld. Het gaat om een proces van onthulling en verhulling." (Cluckers, 1990)

In het samenspel van afweer en expressie geraken allerhande processen vervlochten in een enkele tekening. Het is vooral deze *meerduidigheid* die de interpretatie bemoeilijkt We moeten dus trachten uit te maken via welke laag van de persoon problemen gereveleerd worden: is dit vrij concreet en op bewust niveau of verloopt het via een symbolische verwijzing naar slechts vaag bewuste of dieperliggende problemen?

- We zijn niet op zoek naar een soort statisch beeld dat rechtlijnige vergelijkingen toelaat, maar we streven naar een *procesdiagnostiek.* Door opgelegde tekentaken trachten we een *soort minirealiteit* te installeren waarin we de processen die zich afspelen tijdens het verkennen van kernthema's, kunnen waarnemen en meemaken terwijl ze zich afspelen. We onderzoeken daarbij de karakteristieke spanning tussen afweer en expressie en trachten, door het relatie-aanbod te reguleren en te doseren, het functioneren van het kind te optimaliseren en de zelfrevelatie te bemiddelen. Daartoe sluiten we aan bij situaties en taken waarin het kind kan bepalen hoe het een taak aanvat en volbrengt en waarbij het ook uitgebreid ruimte krijgt om zelf richting te geven

9. Deze ontwikkeling kan uiteraard ook beschreven worden in termen van primair en secundair proces.

aan het relatieverloop.[10] Tekentaken zijn één facet van de aangeboden minirealiteit. Hierbij moet het kind picturale en meer abstracte mentale voorstellingen in overeenstemming met elkaar trachten te brengen. Daarbij kunnen we beoordelen of minimale taakaanspraken reeds ernstige regressies veroorzaken. Wanneer een taak angst en spanning oproept, gaan we bijvoorbeeld na of het kind meer en meer afglijdt dan wel zich vrij vlug kan herstellen. Tegelijk zoeken we ook welke steun een ernstige terugval kan voorkomen. Met andere woorden: het zijn precies de *schommelingen die optreden in functie van taakaanspraken en relatieverloop* die ons interesseren. Heel dit verloop is immers uitermate belangrijk voor verdere indicatiestelling.

- We gaan er tevens van uit dat *diagnostiek een voortschrijdend proces* is dat dient te verlopen volgens een *hermeneutische methodologie* (Cluckers, 1985; Vandendriessche, 1976, 1980, 1991). Een interpretatie beschouwen we niet als een eindpunt maar als een hypothese van waaruit een verdere *contextuele toetsing* wordt aangevat. Het *convergentiebeginsel* is daarbij doorslaggevend:

> "Door haar genuanceerde aansluiting bij de vele en gevarieerde verwijzingen die in een interpretatie werkzaam zijn, is het convergentiemodel zodoende naar maat geknipt voor toetsingen van interpretatieve gestalten die precies uit vele en gevarieerde betekenislijnen hun rijkdom putten." (Vandendriessche 1991, p. 96)

> "De contextuele verruiming is één van de voornaamste leveranciers van betekenislijnen in het convergentiebeginsel." (o.c., p. 99)

Men is in een dergelijk diagnostisch proces niet gericht op het bereiken van het moment van de ultieme interpretatie maar men gaat op zoek naar mogelijke wegen voor het installeren van een voortdurend proces van betekenisgeving en -verruiming met zowel continue als discontinue evolutielijnen. Het uiteindelijke doel is dit proces weer vlot te krijgen en zoveel mogelijk te ontdoen van discontinuïteiten en vicieuze cirkels. In een dergelijk model kunnen ook tegenstrijdigheden een plaats krijgen als verwijzing naar een spanningsveld binnen de persoon.

Maar hoe basaler de ervaringslaag die tot expressie gebracht wordt, hoe moeilijker het is bevestiging te vinden voor hypothesen. We denken hier bijvoorbeeld aan ervaringen uit de preverbale periode. Vandaar ook dat sommige verregaande interpretaties elke realiteitszin blijken te missen wanneer ze zomaar uit catalogi gehaald worden en op een wat willekeurige manier gehanteerd worden. Niet alle interpretaties hebben dezelfde aanvaardbaarheidsgraad. Zo zal het grafisch lijnenverloop, indien het los van de rest beschouwd wordt, een minder solide basis vormen als vertrekpunt voor interpretaties en hypothesen. Het is steeds nodig de ervaringscontext in het oog te houden waarin dingen tot expressie komen en te zoeken naar convergentie met gege-

10. Zie ook Meykens & Cluckers (1999-2000).

vens die doorheen verschillende invalshoeken in het materiaal aan het licht kwamen.

We willen hierna vooral een *overzicht* bieden *van interpretatieve kaders* zodat de relatieve bijdrage van verschillende invalswegen beter ingeschat kan worden. Onze bedoeling is niet een handleiding te bieden, wel een *algemene oriëntatie*, zodat de lezer met enig houvast en met een globaal overzicht de eigen zoektocht kan aanvatten of verder zetten. Voor verder gedetailleerde interpretaties kunnen bestaande handleidingen geraadpleegd worden (Royer, Urban, Jolles).

Eerst zullen we stilstaan bij de aandachtspunten voor observatie en verder ingaan op een aantal tekentaken. De uiteindelijke interpretatie berust immers ook op de nauwgezetheid waarmee gegevens verzameld worden en op de afstemming van de taken op de mogelijkheden en beperkingen van een concreet kind.

4. Het gericht verzamelen van relevante gegevens

De genuanceerdheid van de verzamelde gegevens heeft een belangrijke invloed op de latere mogelijkheden voor interpretatie en wordt in grote mate bepaald door het theoretisch model waarin ze bijeengebracht en gekaderd zullen worden. Het is daarom belangrijk de tekeningen die men wenst te interpreteren, zoveel mogelijk zelf af te nemen of zeker het totstandkomen ervan zo gedetailleerd mogelijk te laten observeren en weergeven.

Om redenen van standaardisatie vraagt men doorgaans al de opgelegde tekeningen met potlood (nr. 2) uit te voeren. Ook wij verkiezen deze handelwijze. Potloodtekeningen laten meer nuancering toe in het lijnverloop, zodat de formele aspecten van de tekening scherper geprofileerd tot uiting komen. Voor vrije tekeningen kan men dan eventueel wel kleurpotloden laten gebruiken.[11] Royer (1977, 1989, 1995) heeft kritiek op deze zienswijze en meent dat kleur een essentieel bestanddeel is van tekeningen. Zij biedt kinderen steeds de mogelijkheid om kleurpotloden te gebruiken. We zullen hier later op terugkomen.

11. De specifieke invalshoek van kinderschilderijen laten we hier buiten beschouwing. Deze werd uitvoerig en boeiend beschreven door W. Smis (1989, 1990, 1994a, 1994b).

4.1. De observatie

Observatiegegevens zijn een belangrijke aanvulling voor de formele analyse. We zullen hier een aantal invalshoeken voor observatie beschrijven die van toepassing zijn op alle tekeningen die tijdens een belevingsonderzoek gemaakt worden. We gaan er daarbij steeds van uit dat *een vormgevingsproces ontstaat uit een wisselwerking tussen verbale en picturale associaties.* Daarom sluiten we ons aan bij de visie van Brakel (1993) en achten we het van belang *alle verbale commentaren* te *noteren* die het kind geeft tijdens het tekenen, zoals zelfdepreciatie bijvoorbeeld. Ook de inhoud van de spontane gesprekjes die zich ontwikkelen met de onderzoeker en eveneens de schijnbaar onbenullige associaties kunnen later belangrijke aanwijzingen geven betreffende de gebruikte verdedigingsmechanismen. Deze spontane commentaren vervangen echter niet de meer gerichte bespreking en bevraging die na het beëindigen van een tekening plaatsheeft. Verder zullen we onze observaties richten op accenten die aansluiten bij de invalshoeken die bij de diagnostische vraagstelling gedifferentieerd werden.

• Op de eerste plaats hebben we oog voor de wijze waarop het kind reageert op de tekenopgave als taak. Dit geeft ons een beeld van zijn *aanpassingsmogelijkheden aan de realiteit* (Abraham, 1963). In een diagnostisch onderzoek gaat het overwegend om opgelegde tekeningen. Het kunnen vastleggen van een beeld binnen de grenzen van een tekenopdracht en binnen de grenzen van een blad papier is een taak in de realiteit. Als de opdracht, die een zeer precieze opdracht is, aanvaard wordt, betekent dit een aanvaarding van het realiteitsprincipe. Het kind zou immers kunnen vluchten door niet te tekenen of door iets anders te tekenen dan gevraagd werd. De realiteit is echter ook een relationele realiteit: het kind moet zich kunnen aanpassen aan de realiteit van de onderzoeker die een opdracht geeft. Het is daarbij belangrijk vast te stellen of het kind de opdracht soepel of eerder rigide opneemt. Gegevens hieromtrent kunnen ons analoge informatie verschaffen als bijvoorbeeld een beginschok op de Rorschach. Een kind dat zich spontaan in de taak gooit en met moeite de formulering van de opdracht kan afwachten, is een kind dat grondig verschilt van een ander dat zeer gecontroleerd te werk gaat. Parallel aan het totstandkomen van een tekening kan een aantal *ik-mogelijkheden* dus rechtstreeks beschreven en beoordeeld worden. Meer in het algemeen kan men zeggen dat zichzelf kunnen uitdrukken in een tekening een uiting is van ik-sterkte, terwijl het zich zeer vlug van de opgave vanaf maken en zichzelf niet prijsgeven kunnen verwijzen naar ik-zwakte. Als er een te grote nadruk ligt op aanpassing aan de realiteit, zullen de tekeningen veel armer en meer stereotiep worden en zien we dat de aanpassing gebeurt ten koste van expressie en projectie.

• *Het concrete verloop van de expressie in een tekening geeft dus aan hoe op adaptief vlak met de taak wordt omgegaan en wanneer en hoe naar vermijdingsstrategieën gegrepen wordt.* Vermijding kan zich uiten als een afwijzen van elke tekentaak of als het blokkeren rond een bepaald thema. Maar ook binnen één tekening kunnen zich allerlei verstoringen van het tekenritme voordoen. We noteren dus aarzelingen, uitgommen, hertekenen. We geven de juiste opeenvolging van de details aan en hebben oog voor de tijd die verhoudingsgewijs aan de verschillende delen besteed wordt. *Elke onderbreking in de tekenactiviteit is significant.* Soms is dit een moment waarop voorstelling en realisatie weer preciezer worden afgestemd, maar soms speelt hier afweer wanneer de aanpassing aan de taak tekortschiet. De onderbreking krijgt dan meer het karakter van een breuk in het vormgevingsproces. Verstoringen van het tekenritme moeten dus indien mogelijk precies gesitueerd worden in verhouding tot het parallel verloop van de evoluerende tekening. Zo kan men er reeds op het niveau van de observatie op letten of omwegen het tekenniveau verbeteren of het loslaten van de taakspanning in de hand werken. We kunnen ook meemaken dat vanuit het visuele beeld op een associatieve manier een overgang gemaakt wordt naar een verbaal niveau van communicatie en dat nadien weer verder getekend wordt. Er is dan een duidelijke wisselwerking tussen het visuele en het verbale.

- Het is ook nuttig de precieze plaats van de respectievelijke tekeningen aan te geven tegenover het geheel van het onderzoeksverloop. Bij een slechte menstekening kan er bijvoorbeeld nog nawerking zijn van een stemming die ontstond rond een moeilijke Rorschach. Ook een persoonlijk significante uitwerking van een thema kan de mogelijke doorbraak van moeilijke gevoelens te dichtbij brengen. Om de greep op de realiteit niet te verliezen kan het kind dan uit reactie teruggrijpen naar een oppervlakkiger of primitiever expressieniveau. Vluchten in fantasie, weigering van verdere medewerking enzovoort kunnen op een analoge manier een betekenis krijgen. De aard en de duur van vermijdingsstrategieën verwijzen hierbij naar modaliteiten van psychisch functioneren. Dit kan ons op het spoor brengen van *verdedigingsmechanismen* die door het kind gebruikt worden.

- *De observatie van relatie-aspecten* moet eveneens voldoende aandacht krijgen. Tekeningen kunnen diverse betekenissen hebben in de relatie: wordt het tekenen vooral ervaren als het moeten leveren van een prestatie? Is het tekenen een middel om de aandacht van de volwassene gaande te houden of een middel om bewondering te oogsten? De algemene houding tijdens het tekenen kan aanwijzingen geven over de relatie van het kind tegenover de onderzoeker. Sommige kinderen vragen dat de onderzoeker niet zou kijken. We moeten dus noteren op welk moment en op welke manier er contact gezocht of vermeden wordt met de onderzoeker. Hoe vlot kan of wil het kind contact houden tijdens het tekenen? Er zijn ook kinderen die voortdurend houvast zoeken met vragen als: moet het een ganse persoon zijn of alleen zijn hoofd? Moet het een kindje zijn of een volwassene? Men kan bij deze voortdurende vragen nagaan of het gaat om een afhankelijke manier van aandacht vragen die vrij soepel naar het kind teruggespeeld kan worden ofwel of het hier gaat om een vermijden van elke persoonlijke beslissing, uit vrees voor een mogelijke afkeuring bijvoorbeeld.

• De observatie dient ten slotte ook de kwaliteit en de adequaatheid van de *motoriek* te omvatten. Is er contact of doorleving in de manier waarop het kind omgaat met potlood en papier? Leunt het al dan niet op het bureau? Enzovoort. Ook een meer gedifferentieerde motoriek behoudt nog steeds expressieve kwaliteiten. De manier van zitten en het optreden van eventuele synkinesieën zijn betekenisvol: een open mond of een tong die meebeweegt, kan wijzen zowel op motorische onrijpheid als op een motorische regressie die optreedt onder de spanning van te hoge prestatie-eisen. Maar de motoriek kan bovendien gebruikt worden als kanaal voor de expressie van een psychische dynamiek. De manier van zitten kan een open of een afgesloten houding weerspiegelen. Sommige kinderen stoppen hun tekeningen als het ware weg door hun houding. Ook motorische onrust kan te maken hebben met bepaalde thema's en kan dan een primitieve vorm van expressie zijn voor angst en spanning. Wanneer onrust op een betekenisvolle manier verbonden kan worden met thema's, gaat het niet om louter organisch bepaalde onrust. Anderzijds zien we soms dat een organisch bepaalde algemene ongedurigheid toch beïnvloed kan worden door een sterk gestructureerd relatie-aanbod, zodat onder strikte omstandigheden toch betere prestaties mogelijk worden. Een genuanceerde observatie van de lichaamshouding en de motoriek tijdens het tekenen is dus wenselijk.

Ook de zuiver organisch bepaalde aspecten van de motoriek moeten onze aandacht trekken. De meer specifieke problemen van visuomotorische coördinatie vereisen misschien verder gespecialiseerd onderzoek. Sommige tests als de Bender-tekentest gaan na hoe het kind omgaat met het prestatie-aspect van het tekenen en richten zich op de wegen die het kind volgt om tot reproductie en synthese te komen. De verwerking is gericht op het onderscheiden van emotionele en organische interferentie bij de uitvoering van de taak. Ook Koppitz (1968) en Urban (1963) bespreken aanwijzingen om het relatieve belang van emotionele en organische tekens in te schatten. Als er neurologische aanwijzingen zijn in tekeningen, is echter een andere batterij van tests nodig.[12] In ons opzet blijft het belevingsonderzoek centraal.

4.2. De navraag

Tekeningen bieden toegang tot twee vormen van expressie: picturale en verbale (Brakel, 1993). Het is daarom nuttig na te gaan of de rijkdom en differentiatie van voorstellingen al dan niet gelijklopend is in taal en tekening. Wat is de overwegende expressievorm? Versterken taal en tekening elkaar of spreken ze elkaar tegen? We beperken ons niet tot het kanaal van de picturale voorstelling maar willen ook *de wisselwerking tussen het picturale en het verbale benutten als bijkomende invalshoek.* Mogelijk biedt de gerealiseerde tekening

12. De reeds eerder vermelde VMI van Beery (1989) hoort eerder thuis in een psychoneurologisch onderzoek en wordt hier niet verder besproken.

spontaan, als in een creatief verlopend spel, vrije doorgang aan andere associaties die misschien later op een meer bewust vlak kunnen verlopen. Om na te gaan of er een verdere verbale expressie mogelijk is uitgaande van de tekeningen, begint men bij voorkeur met de *open vraag of het kind iets kan vertellen over zijn tekening*. Met andere woorden, men stimuleert de spontane verbale expressie en gaat daarmee om zoals met andere gespreksfragmenten tijdens een diagnostisch onderzoek. De bedoeling van de bevraging is niet alleen het bekomen van verdere informatie. De manier waarop een verdere bevraging vorm wordt gegeven, heeft ook een structurerend effect. Bij kinderen die moeite hebben om voldoende contact met de realiteit te behouden, kan een te open bevraging aanleiding geven tot een soms moeilijk af te grenzen vlucht in de fantasie. Hier is het vooral belangrijk om de stemming en de grote lijnen van die fantasie voor ogen te houden. Bij dergelijke kinderen kunnen korte realiteitsgerichte vraagjes meer houvast bieden. Ook een bevraging die te sterk focust op het verduidelijken van de verhaallijn kan de afweer aanwakkeren en weinig bruikbare aanknopingspunten opleveren om de echte belevingen van het kind op het spoor te komen.

Bij een *gerichte navraag* na het beëindigen van de tekening verzamelen we aanvullende informatie voor het begrijpen van tekeningen. Hierbij is het nodig de expressiemogelijkheden van het kind zoveel mogelijk te valoriseren maar ook te respecteren. *Kinderen die in de picturale vormgeving hun hoogste niveau van symbolisatie bereikt hebben, staan erg weigerachtig tegenover een verdiepende bevraging.* Soms is het wel nodig om op een beschrijvend niveau uitleg te vragen over toegevoegde objecten of onderdelen die op een erg persoonlijke manier zijn weergegeven, om te kunnen begrijpen wat het kind heeft willen tekenen. Over het algemeen lijkt een *open bespreking* van tekeningen meer voordelen te hebben dan het afwerken van een volledige vooraf-bepaalde vragenlijst. Vooral in verband met de House-Tree-Person-opgave (HTP) werden uitgebreide vragenlijsten opgesteld. Hierbij moet men echter zowel opletten voor intrusiviteit als voor een bevraging op een te oppervlakkig niveau. Het gebruik van aanvullende vragenlijsten mag niet betekenen dat men enkel bewuste gevoelens overhoudt voor de interpretatie. Tekeningen vormen immers juist een belangrijke toegangsweg tot de minder bewuste niveaus van de persoon. Toch lijken enkele vragen ons wel aangewezen, bijvoorbeeld: wie werd er getekend, leeftijd en bezigheid van de getekende persoon, de aard van de toegevoegde objecten, de stemming van de persoon, enzovoort. De vragen wat het huis, de boom en de mens het meest nodig hebben en of er ooit iemand iets kapot gedaan heeft of pijn gedaan heeft, verschaffen meermaals relevante bijkomende informatie.

Koppitz (1968) wijst erop dat kindertekeningen allemaal wel enig inzicht en informatie bieden over het betreffende kind, maar dat ze onderling toch erg verschillen wat de mate van klinische bruikbaarheid van de gegevens betreft. Ze waarschuwt dan ook voor een te nadrukkelijke bevraging van tekeningen:

> "No amount of questioning can produce clinically valid material from a HFD if this material is not contained in the drawing in the first place. If the child is trying to communicate with the examiner through his drawings, then he will offer spontaneous clues and comments to his drawing if given the opportunity." (p. 78)

Wij menen dat een *juist gedoseerde exploratie* bij heel wat kinderen een nieuwe associatieketen op gang kan brengen mits men de metafoor in de tekening zoveel mogelijk respecteert. Dit betekent dat men wel ingaat op realiteitsaspecten die het kind ter sprake brengt, maar zelf niet te vlug overstapt naar mogelijk duidelijke verbanden met de reële situatie van het kind. Het terugspiegelen naar het kind van duidelijke betekenissen is ons inziens meer op zijn plaats in een therapeutische fase, maar dient ook daar met veel omzichtigheid te gebeuren.[13] Het hoofddoel van een diagnostische fase blijft precies het inschakelen van een wachttijd die ruimte biedt om te komen tot een overzicht van het geheel. Zo kan men achteraf vanuit een beter gefundeerde overtuiging zijn interventies afstemmen op de aanwezige krachten en noden van het kind. Men moet er volgens Fleck-Bangert van uitgaan dat een tekening nooit fout is. Als een kind iets anders tekent dan gevraagd werd, is dit het gevolg van een innerlijke noodzaak. En het is precies deze noodzaak die men wil achterhalen. Men zal het kind dus niet te vlug confronteren met eventuele inconsequenties in zijn tekeningen. Deze zullen we later vooral beoordelen op hun projectieve betekenis.

We kunnen ons hier ook de vraag stellen naar het *onderscheid tussen een therapeutische en een diagnostische bevraging.* Voor een goede diagnose is het belangrijk dat de onderzoeker ook therapeutische perspectieven in het oog houdt. Dit betekent dat men het draaglijke angstniveau van het kind moet inschatten. Enerzijds moet men het kind niet overvragen en anderzijds moet er vanuit de lading van de hulpvraag ook voldoende spanning blijven. Op moeilijke momenten tracht men af te lijnen hoeveel opvang of minimale steun het kind nodig heeft om verder te kunnen. We trachten dus een optimale spanning gaande te houden. Men zal dus niet eindeloos blijven aandringen op het voltooien van een taak die voor het kind erg beangstigend blijkt. Maar als tijdens het uitvoeren van een taak erg relevante thema's of gevoelens op bewust vlak ter sprake komen, is het soms wenselijk om daar reeds in beperkte mate onmiddellijk steunend of explorerend verder op in te gaan. Over het algemeen is tijdens de diagnostische fase echter een grotere behoedzaamheid wenselijk omdat men nog meerdere toegangswegen moet openhouden.

Vermeldenswaard is hier ook *de 'Squiggle'-techniek van Winnicott.* Hiermee bevinden we ons op de grens tussen therapie en diagnostiek. Het is een techniek waarbij de wisselwerking tussen het picturale en het verbale ten volle

13. Zie ook Smis (1989, 1990, 1994a, 1994b).

wordt benut. Winnicott treedt daarbij ook zelf mee binnen in de picturale dialectiek om het bewustwordingsproces en de verbalisatie therapeutisch te richten. De nadruk komt hierbij te liggen op het bevorderen van de therapeutische communicatie en het therapeutisch proces. Het gaat hier in feite om een dialoog die zowel verbaal als met tekeningen verloopt. Winnicott (1989) benut deze techniek in het kader van een psychotherapeutische consultatie waarmee hij onder meer zicht krijgt op de indicatie voor therapie.[14] Kind en therapeut maken om beurten een kribbeling die door de ander mag worden aangevuld en geven ook beiden associaties bij elkaars tekening. De therapeut kan door zijn associaties en door zijn manier om de schetsen te vervolledigen het kind een vorm van holding of confrontatie aanbieden en het ook voorzichtig oriënteren naar een bespreking van de problemen. Volgens Tisseron (1987) is de geïnstalleerde wederkerigheid het belangrijkste aspect van de Squiggle-techniek.[15] Hiermee tracht de onderzoeker het kind opnieuw aansluiting te laten vinden bij vroegere lustvolle *ervaringen van gedeelde expressie* rond het totstandkomen en verruimen van voorstellingen. Vertrekkend van eenvoudige kribbels komt men doorheen een pendelbeweging tussen voorstellen, benoemen, associëren, overdenken tot een groeiende complexiteit van voorstellingen, terwijl heel dit proces ondertussen *gedragen* blijft *door een structureel vastgehouden relationele wederkerigheid.* Zo kan een helpend associatief proces hersteld of op gang gebracht worden, waarvan ook de gevoelsstroom een integrerend deel uitmaakt. Zeker in een leeftijdsperiode waarin eenzijdige schoolse en sociale druk vooral reproductie en formele beheersing vereisen, kan dit een belangrijk aanvullend uitgangspunt zijn.

Bij Winnicott zelf (1971) vinden we een rijkdom aan quasi-onnavolgbare voorbeelden van de manier waarop hij vooral in korte therapieën, door een boeiende mengeling van intuïtie en doorzicht, uitgaande van deze techniek erin slaagt om snel door te stoten tot de kern van de problematiek en ook toegang weet te vinden tot onbewuste betekenislagen.

4.3. De samenstelling van een batterij van tekenopdrachten

In ons streven naar een ruime verkenning van mogelijke probleemaspecten achten wij het aangewezen door een zogenaamde *batterij van tekeningen* wisselende invalshoeken in te brengen. De variatie in de aangeboden opdrachten

14. De opdracht formuleert hij als volgt: "'Let us play something. I know what I would like to play and I'll show you.' I have a table between the child and myself, with paper and two pencils. First I take some of the paper and tear the sheets in half, giving the impression that what we are doing is not frantically important, and then I begin to explain. I say: 'This game that I like playing has no rules. I just take my pencil and go like that ...,' and I probably screw up my eyes and do a squiggle blind. I go on with my explanation and say: 'You show me if that looks like anything to you or if you can make it into anything, and afterwards you do the same for me and I will see if I can make something of yours'." (Winnicott, 1989, p. 301-302).

15. Hij noemt dit een relationeel protocol.

kiezen we in functie van de afstemming van het belevingsonderzoek op een concreet kind van een bepaalde leeftijd en met problemen die ons reeds enigszins bekend zijn vanuit aanmelding en intake. Ook als men een uitgebreide batterij wenst af te werken, is het niet zinvol dit na elkaar te doen in één sessie. Bij het vastleggen van het onderzoeksopzet houdt men ook rekening met het niveau van aanspraak dat van sommige tekenopdrachten uitgaat.

Het kan nuttig zijn om te starten met een *vrije tekening*. Het kind kan daarin iets weergeven van de spanning waarmee het naar het onderzoek kwam en krijgt wat tijd om zich aan de onderzoekssituatie aan te passen. Later in het onderzoek kan een vrije tekening benut worden om een pauze in te lassen. Wij hebben de gewoonte om een belevingsonderzoek te spreiden over minstens drie sessies. Greenspan (1981) wees op de verschuivingen in belevingsaccenten die geactiveerd worden wanneer een onderzoek een begin-, een midden- en een eindsessie heeft. Dit kan ook een weerslag hebben op de tekeningen die in de betreffende sessie gemaakt worden. In een eerste sessie ligt de klemtoon op contact leggen en het verkennen van de hulpvraag. Als er nog geen gedeeld zoeken is, kan de respons van het kind nog wat aan de oppervlakte blijven. In een middensessie kan de klemtoon meer gelegd worden op het verdiepen van de exploratie en een laatste sessie kan gekleurd zijn door het afsluiten van het onderzoek en het afscheid.

De kinderen krijgen een ruime vrijheid om hun tekeningen vorm te geven zoals zij dat wensen. Dit zorgt ervoor dat ze bij de uitvoering van tekenopdrachten zowel kunnen putten uit reële en cognitieve ervaringselementen als uit hun verbeelding. De tekening zal zich bijgevolg in de vorm van een persoonlijk compromis situeren tegenover realiteit en verbeelding (Hermand-Bernard, 1988). De affectieve schommelingen die dit proces begeleiden, komen tegelijkertijd tot expressie in de wisselvalligheden van het motorische lijnenspel. Aldus drukt het kind in elke tekening iets van zichzelf uit.

Bij elke tekenopdracht gaan we ervan uit dat het kind *in elk van de tekeningen iets van zijn zelfbeeld weergeeft* of projecteert. Dit zelfbeeld krijgt andere klemtonen naargelang de opdracht. We zullen nu meer van nabij ingaan op enkele courante tekenopdrachten.

4.3.1. Basisthema's

In een mogelijke batterij van tekeningen ligt de nadruk op de menstekening, de boomtekening en de huistekening. Deze basissymbolen zijn ook de meest voorkomende thema's die het kind spontaan in zijn tekeningen tot expressie brengt. Wij zijn echter niet geneigd om zoals Buck (1970) 'House, Tree, Person' of HTP op één blad te laten maken. Dit heeft onder meer met persoonlijke voorkeur of ervaring te maken, maar wij gaan ervan uit dat de observatie van het contrast tussen de tekening van twee mensfiguren of van twee boomtekeningen meer voordelen biedt. Bovendien gebeurt het vaak dat kinderen in een vrije tekening tijdens een rustmoment ongevraagd een scène tekenen waarin deze drie symbolen samen voorkomen.

4.3.1.1. De menstekening

Hier verwachten we *het meest gedifferentieerde zelfbeeld.* Osterrieth en Cambier (1976) wijzen erop dat het moeilijk is om hier een ideale formulering van de opdracht te vinden die bovendien bruikbaar is op verschillende leeftijden. Het is immers de bedoeling het kind de ruimste vrijheid te geven wat de keuze van het personage betreft en een suggestie in een bepaalde richting te vermijden. Zij kwamen tot drie verschillende formuleringen naargelang de leeftijd van de kinderen. In het Nederlands vertaald klinkt het ongeveer als volgt:

- Voor de kinderen tot 8 jaar: "Teken eens iemand, om het even wie, een meneer of een mevrouw, een jongen of een meisje, gewoon iemand en maak maar één tekening."
- Voor de kinderen tot 13 jaar: "Maak eens een menstekening, een man of een vrouw, een meisje of een jongen, gewoon een menstekening."
- Na 13 jaar volstaat de opdracht: "Maak eens een menstekening."

Wij menen dat inderdaad vooral bij de jongsten een aanpassing en concretisering van de opdracht aangewezen is. De meeste kinderen boven de 8 jaar begrijpen ons inziens de opdracht voldoende als men neutraal een menstekening vraagt. In een individueel onderzoek is het bovendien mogelijk om de opdracht verder toe te lichten indien men twijfelt.

De meeste kinderen zijn er gemakkelijk toe te brengen een menstekening te maken. Meestal tekenen ze eerst een figuur van het eigen geslacht en waarvan de leeftijd ongeveer overeenstemt met de eigen leeftijd. De figuur wordt centraal op het blad geplaatst. De grootte varieert enigszins volgens de leeftijd.[16]

Maar wanneer in het onderzoeksproces vragen we een menstekening? We verwachten immers vrij veel van deze *meest centrale zelfprojectie.* Het beginnen met de menstekening biedt voor- en nadelen. Als voordeel zien we de mogelijkheid van observatie-aspecten als bij een beginschok bij de Rorschach. De opdracht moet daartoe voldoende emotionele aanspraak maken. Zowel het thema mens als het feit dat het de eerste opdracht is, kan in de hand werken dat het kind ons met die eerste tekening als het ware een visitekaartje aanreikt en ons zijn gangbare manier van in de wereld staan toont en de wijze waarop hij omgaat met nieuwe situaties en opdrachten. Ons lijkt het

16. Abraham (1976) geeft in tabellen de evolutie van de hoogte van de menstekening weer in functie van leeftijd en geslacht (p. 160) en ook de variatie van de plaats van de tekening op het blad (p. 171, 174). Osterrieth en Cambier (1976) geven voorbeelden van 62 kenmerken van tekeningen waarbij ze bovendien ook de spreiding per leeftijd (tussen 6 en 18 jaar) aangeven. Zie ook Royer (1977). Voor wie nog weinig ervaring heeft met kindertekeningen kan dit zeker een houvast bieden.

een voordeel om de menstekening *niet als eerste opgave* aan te bieden. Als men de menstekening meer naar achteren verschuift in het geheel van het onderzoek, is er doorgaans reeds meer vertrouwen in de relatie ontstaan zodat er ook meer kans is dat het kind op een meer gedifferentieerde manier vorm geeft aan zijn dynamiek. Hermand-Bernard (1988) wijst erop dat het van belang is dat het kind heeft kunnen ervaren dat het niet om schoolse opdrachten gaat. De volgorde die Buck (1970) voorstelt (huis, boom, mens), blijkt meestal zinvol. Maar wij vragen het kind in ieder geval *achtereenvolgens twee menstekeningen te maken*, bij voorkeur in dezelfde sessie: voor de eerste tekening laat men het kind vrij en nadien vraagt men een tekening van het andere geslacht. Biermann en Kos-Robes (1986) bieden het kind voor deze opdracht een groot dubbelgevouwen blad aan en laten het op de eerste helft beginnen. Zij creëren hiermee een grotere spanning rond de verhouding tussen de twee geslachten. Dit kan extra observatiemogelijkheden bieden. Toch genieten de aparte tekeningen onze voorkeur omdat we willen nagaan in welke mate het kind de eigen persoon centraal kan stellen en we dus niet onmiddellijk de relationele spanning als focus willen nemen.

4.3.1.2. De huistekening

Wij menen dat dit de gemakkelijkste tekening is. Het is de tekening waarbij kinderen meermaals spontaan overgaan tot het tekenen van een scène. Volgens Abraham (1963) maakt de huistekening het meest aanspraak op het *realiteitsniveau* van belevingen en brengt ze het sterkst de *adaptieve aspecten* van de persoon tot uiting.

De formulering van de opdracht stelt weinig problemen. Dit belet niet dat de huistekening voor sommige kinderen die hoogoplopende conflicten ervaren in de thuissituatie (bijvoorbeeld echtscheiding, eventueel gepaard met onduidelijkheid over hun woonplaats), reeds een zeer beladen thema kan zijn. Vooral kinderen in een instelling zouden vaak grote moeite hebben met de huistekening. Het kan dus aangewezen zijn om deze kinderen niet met het huis te laten beginnen.

Dolto (1989) zegt dat het huis op een allegorische wijze de *veiligheid* van het kind weerspiegelt, tegelijkertijd in zijn lichaam en in de relatiemogelijkheden van dit lichaam met de wereld in de brede zin van het woord. Deze relatiemogelijkheden kunnen vorm gegeven worden in de verhouding tussen binnen en buiten bijvoorbeeld. Royer (1989) heeft een uitgebreide studie besteed aan de huistekening. Ook volgens haar geeft deze vooral een beeld van de sociale adaptatie van het kind. Zij meent dat het huis naar een meer complex archetype verwijst dan de mens- of boomtekening. Het zou daardoor moeilijker te interpreteren zijn maar ook rijker aan betekenis zijn dan beide andere thema's. Zij bespreekt het huis als symbool van alle opeenvolgende 'huiden' die ons omhullen (moederschoot, lichaam, familie, cultuur, universum) en die ineenschuiven als in elkaar passende poppetjes. Een huis tekenen is dan het ultieme 'ego' binnenin oproepen alsook zijn verhouding tot al deze omhulsels.[17]

Als variant op dit thema kan men het kind ook vragen een *boot* te tekenen. Hierbij is er een grotere aanspraak op het integreren van omgevingselementen in de tekening. Dit thema werd uitvoerig onderzocht door Hermand-Bernard (1988). De voorstelling van een boot leent er zich ons inziens beter toe om weer te geven hoe het zelfbeeld is overgeleverd aan oncontroleerbare krachten uit de omgeving. Kinderen die weerstand vertonen tegenover de huistekening, kunnen hun onveiligheidsgevoel hier misschien meer verhuld tot uiting brengen. Tegenover het statische van een huis staat hier de beweeglijkheid. Deze kan een metafoor aanreiken voor het weergeven van aspecten van de persoonlijke levensgeschiedenis. Een situering tussen vertrek en aankomst kan bijvoorbeeld elementen van een toekomstperspectief uitbeelden. Het zou ook interessant zijn om na te gaan of jongens zich meer aangetrokken voelen tot dit thema.

4.3.1.3. De boomtekening

Van de drie basisthema's is de boomtekening ons inziens het meest gericht op het verkennen van *onbewuste aspecten* van de zelfbeleving. We beschouwen de boom als een symbolische weergave van het individuele evenwicht dat totstandkwam tussen de verschillende instanties (Es, Ich, Über-ich) binnen de persoon.

Bij voorkeur laat men het kind twee bomen tekenen. Als tweede tekening vraagt men een droomboom te tekenen ("een boom zoals je die in een droom wel eens ziet"). Sommigen laten het kind als derde boom nog een wensboom tekenen en verwachten dat in de droomboom meer angstaspecten aan de orde zijn en in de wensboom meer hoopgevende aspecten centraal staan. Wij hebben weinig ervaring met deze verdere differentiatie. Wij menen dat de opdracht een droomboom te tekenen zowel geïnterpreteerd kan worden in de richting van angst als in de richting van verlangen. Hier is het dus belangrijk na te gaan hoe het kind de spanning tussen droom en werkelijkheid vorm geeft. Misschien blijkt uit de tweede boom een regressief verlangen of een verlangen naar een reëel bereikbaar conflictvrij functioneren.

Anderen geven een neutralere formulering aan hun vraag naar een tweede boomtekening en vragen het kind gewoon nu nog eens een andere boom te tekenen. Volgens Breesch[18] zou het vooral bij jonge kinderen aangewezen zijn de opdracht in deze termen te formuleren. Ook hier kan de spanning van het verschil tussen de twee bomen verwijzen naar een analoge spanning binnen de persoon.

17. Zie ook Verschueren (1993), die de wisselende invulling van het huisthema naging aansluitend bij de dynamische evolutie in een kindertherapie.
18. Mondelinge mededeling.

Volgens Royer (1989) worden bij boomtekeningen vooral projecties opgeroepen die te maken hebben met *vitaal elan en groei*. Koch (1949) zelf nam het archtetype 'kruis' als uitgangspunt om dit vitaal elan en deze groei doorheen de symboliek van de bladspiegel[19] te bestuderen als een *synthese van polaire spanningen binnen het individu*. Hij noemt de spanning tussen lichaam en ziel, aarde en lucht, verleden en toekomst, gemeenschap en individu. Wij menen dat de synthese die in een boomtekening gerealiseerd moet worden, meer dan andere tekeningen verwijst naar de *structurele organisatie van de persoon*.

4.3.2. Meer gerichte thema's

Naast deze basistekeningen kunnen aan het kind ook enkele meer gerichte thema's voorgesteld worden. We beogen daarmee *variaties of fluctuaties in het zelfbeeld*[20] op het spoor te komen die te maken hebben met de specifieke situatie die wordt voorgesteld of met de specifieke affectieve dimensie die wordt aangesproken. We hopen hiermee duidelijker aanwijzingen te verkrijgen omtrent de kernproblematiek van het kind.

4.3.2.1. De familietekening

Onze voorkeur gaat uit naar de tekening van *de familie in dieren* (Brem-Gräser, 1970). Bij de inleiding op de taak wordt een sprookjessfeer opgeroepen: "In sprookjes gebeurt het wel eens dat mensen in dieren veranderen." Brem-Gräser vermijdt nadrukkelijk om daarna nog verder een magische sfeer van toveren op te roepen en gaat neutraal verder met: "Stel je eens voor dat jouw familie een dierenfamilie was en teken jullie allemaal eens, natuurlijk ook jezelf." Verder benadrukt zij voor het kind dat het niet belangrijk is mooi te kunnen tekenen, maar wel wat het wil tekenen. In de eerste uitgave (1957) werd niet uitdrukkelijk gevraagd ook zichzelf te tekenen. Ook wij ondervonden dat dit voor sommige kinderen een aanleiding was om zichzelf niet te tekenen of in de tovenaarsrol te blijven. Na de formulering van de opdracht laat men het kind vrij om naar eigen keuze gezinsleden weg te laten.

Het is geen uitgemaakte zaak welke familietekening, in dieren of in mensen, de meeste voordelen biedt. Het hoofdvoordeel van de Familie in Dieren (FID) lijkt ons dat de opgave meer als een spel ervaren wordt. De verwijzing naar een spel accentueert de mogelijkheid om het geheel te controleren en te overzien. Dit achten wij van belang omdat kinderen nog erg afhankelijk zijn van hun gezin en misschien vrezen dat te opvallende kritiek zich tegen hen zou kunnen keren; met andere woorden, de grotere afstand ten overstaan van de realiteit kan hier beveiligend werken. Tevens biedt het tekenen in dieren

19. Zie II.5.6.
20. Dit zelfbeeld omvat ons inziens niet alleen bewuste aspecten van zelfevaluatie maar ook de meer onbewuste aspecten van zelfervaring die onze manier van in de wereld staan kenmerkt en beïnvloedt.

de mogelijkheid om gemakkelijker een meer primaire laag van gevoelens te symboliseren, dichter bij het impulsieve en het fantasmatische.

Kos en Biermann (1973) werken met een variant die zij de *betoverde familie* noemen. Hier kan het kind de personen ook in levenloze objecten omtoveren. Zij laten het kind 'een familie' tekenen. Brem-Gräser vraagt 'de eigen familie' te tekenen. Corman vraagt ook *'een familie'* te tekenen. Furth vraagt een *regressieve kinetische gezinstekening*. Zijn opdracht luidt: "Teken jezelf en de rest van het gezin op het moment dat je 5 jaar bent; iedereen is met iets bezig."

Er zijn dus heel wat varianten mogelijk, die alle andere accenten leggen met betrekking tot de afstand die via symbolisatie gehouden kan worden tegenover de relationele ervaringen in het gezin. Uit deze variaties blijkt de bezorgdheid van de verschillende auteurs om *de projectie en de metafoor van het kind te respecteren* en dus niet te bewust te verwijzen naar de eigen familie. Met de vraag naar familietekeningen komen we echter wel heel dicht bij de bewuste ervaringen van het kind en tijdens de diagnostische fase zijn we nog bezig met een algemene verkenning van problemen en communicatiemogelijkheden. Het lijkt ons bijgevolg hier niet aangewezen om meteen vanuit de tekening over te gaan naar een eventueel duidende bespreking op bewust vlak, tenzij men daar weloverwogen therapeutische argumenten voor heeft. In een psychodynamisch belevingsonderzoek is het niet aangewezen de tekeningen louter te benutten als een hefboom voor probleemverkenning op bewust vlak. Het fantasmatische appèl van de opdracht wil immers vooral ook ruimte maken voor onbewuste processen. Daarom geven we er ook bij de navraag de voorkeur aan niet rechtstreeks te vragen naar positieve en negatieve eigenschappen van de getekende dieren omdat daarmee de alsof-sfeer in het gedrang komt. Deze lijkt iets meer beveiligd door gebruik te maken van de Bestiaire van Zazzo (Meykens, 1965) om op het spoor te komen van de individueel bepaalde manier waarop het kind gebruikmaakt van diersymbolen. Los van de tekening zelf vraagt men welk dier het kind het liefst en het minst graag zou zijn en waarom, in welk dier het kind het liefst of het minst graag zou veranderen en welk dier het heel graag zou bezitten en welk helemaal niet graag, met ook hier telkens een vraag naar de motivering. Hierbij heeft het kind de vrijheid om al dan niet de getekende dieren te bespreken, maar het zal dit meestal toch minstens gedeeltelijk wel doen. Wenst men toch de getekende dieren te bevragen, dan kan men dit als volgt inleiden: "Alle dieren hebben verschillende kenmerken, zeg jij eens wat zoal de kenmerken zijn van een..." Het is ook wenselijk te weten welk dier voor wie getekend werd en in welke volgorde. Men kan ook de relationele sfeer bevragen en nagaan hoe de dieren het met elkaar stellen.

De tekening van de familie in mensen lijkt ons meer dan de familie in dieren (FID) het bewuste vlak te stimuleren en dit kan in bepaalde situaties nuttig zijn, bijvoorbeeld bij sommige mishandelde kinderen. Zij zijn reeds zozeer de speelbal van impulsieve en fantasmatische interacties dat het te bedreigend kan zijn om deze voor hen chaotische laag aan te spreken. We willen hier ook vermelden dat sommige ouders het als erg confronterend ervaren wanneer kinderen na een sessie spontaan vertellen in welk (negatief) dier zij voorgesteld werden. Dus ook in gezinnen met een sterke ambivalentie rond individuatiethema's kan het veiliger zijn niet meteen een te conflictueus aspect aan te spreken door een familie in dieren te vragen. Een familie in mensen kan hier neutraler zijn. Maar naar onze ervaring blijkt het tekenen in dieren voor de meeste kinderen beveiligend te werken.

Kinderen uit echtscheidingssituaties blijken er ook wel in te slagen deze opdracht uit te voeren. Sommigen tekenen gewoon iedereen samen, anderen tekenen één van de ouders aan de achterkant van het blad of vragen een nieuw blad. Indien het kind moeilijkheden signaleert, kan men naargelang de concrete leefsituatie van het kind een mogelijke oplossing voorstellen, bijvoorbeeld een tekening met alle siblings bij moeder en een tekening met alle siblings bij vader.

Als kinderen een hele familieclan beginnen te tekenen, kan dit verwijzen naar significante ervaringen in die context of een te vage afgrenzing van het kerngezin, maar het lijkt toch wenselijk eens te verifiëren of het kind begrepen heeft dat het kerngezin bedoeld werd.

We hebben weinig ervaring met de vergelijking van familietekeningen in mensen en in dieren die door hetzelfde kind gemaakt werden. Sommige kinderen schrikken wat van de impulsieve aspecten die ze in de FID tot uiting brachten. Misschien zou achteraf een familie in mensen tekenen een integrerend effect kunnen hebben en hen het gevoel geven de betovering weer ongedaan te maken. Meestal kan deze spanning echter verbaal opgevangen worden.

Wanneer kinderen blokkeren bij de vraag naar een familietekening, is het volgens Breesch wenselijk opnieuw te evalueren welke plaats het psychologisch onderzoek van het kind inneemt ten aanzien van de bredere gezinsdynamiek. Mogelijk is er nog een sterke onbewuste aanspraak van de ouders op de gezinsloyauteit, zodat het kind zich onvoldoende vrij voelt om de ervaren problemen in communicatie te brengen.[21]

4.3.2.2. De vier affecttekeningen[22]

We bedoelen hier de thema's *grootste schrik, grootste woede, grootste verdriet en grootste plezier*. Het is belangrijk deze volgorde te respecteren bij de affecttekeningen

---

21. Mondelinge mededeling. Zie ook: Stiers & Cluckers (1994-1995).
22. Deze techniek bereikte ons via 'overlevering' vanuit de Antwerpse 'Medisch Opvoedkundige Kinderkliniek' van prof. dr. R. Dellaert, waar E. Gijsen werkzaam was, die deze test nadien ook introduceerde op het Centrum voor Kinderpsychotherapie te Leuven.

ningen omdat ze berust op de evolutie van meer primaire naar meer gedifferentieerde gevoelens. Met 'plezier' wordt hier dus niet een primair lustgevoel bedoeld maar een meer gedifferentieerde vorm van genieten waartoe een kind pas in staat is nadat het ook heeft leren omgaan met woede en verdriet.[23] Misschien is het daarom beter om voor de opdracht een andere term te overwegen als 'grootste blijheid' of 'grootste geluk'. Bij grotere kinderen zou men een tekening van de 'grootste vreugde' kunnen vragen om de bedoelde nuance duidelijker in de opdracht te laten doorklinken.[24]

Dit zijn duidelijk de moeilijkste tekeningen voor de meeste kinderen. Bij kinderen met zwakke integratiemogelijkheden is het soms aangewezen deze tekeningen achterwege te laten omdat de ervaringen die deze specifieke thema's oproepen, te overspoelend zouden zijn. Toch reveleren kinderen hier vaak onverwachte probleemaspecten. Sommige kinderen die vastgelopen zijn in problemen, kunnen onvoldoende onderscheid aangeven tussen de verschillende thema's en herhalen dan min of meer hetzelfde thema. We vinden hier dus aanwijzingen omtrent het bereikte niveau van affectieve ontwikkeling. Maar we zagen ook meermaals dat kinderen bij thema's als angst of woede er niet meer toe komen nog gezichten te tekenen, terwijl ze dat elders wel probleemloos deden. We beschouwen dit als een aanduiding van de mate van ontreddering die door deze thema's wordt opgeroepen. Men kan dan nagaan of de ontreddering zich tot één thema beperkt of ook de andere aantast. Uit dergelijke vraagstelling blijkt dat het niet wenselijk is om deze vier affecttekeningen te spreiden over verschillende sessies.

Wanneer kinderen één of meer van deze tekeningen *weigeren*, is het volgens Breesch[25] aangewezen de *grenzen van de bewuste affectbeleving verder te verkennen.* Bij het thema 'angst' bijvoorbeeld zeggen sommige kinderen dat ze nog nooit bang geweest zijn. Men kan dan vragen of ze misschien iets kunnen tekenen waar andere kinderen bang voor zijn. Wanneer het probleem te maken heeft met het niet kunnen toelaten van het affect bij zichzelf, kunnen ze dan soms wel tot een tekening komen. Andere kinderen zijn wel bereid te vertellen waarvoor ze bang zijn. Men kan hen dan vragen of ze er daarna wel iets van kunnen tekenen. Bij sommige kinderen lukt dit. Anderen blijven bij hun weigering en lichten soms toe: "Dan word ik zelf ook weer bang." Bij hen heeft het probleem te maken met het feit dat de kracht van een picturaal beeld de ervaring te sterk actualiseert. Zij vermijden dat het affect een tastbare neerslag krijgt. Hier is er dus een regressie of een onrijpheid van het symbolisatieniveau aan de orde. Deze stapsgewijze exploratie van een thema

---

23. Met dank aan P. Meurs, die ons voor verdere theoretische achtergrond hieromtrent verwees naar psychoanalytische theorieën met betrekking tot neutralisatie of fusie van driften (freudiaans) of het overwinnen van de ambivalentie (kleiniaans). Het zou ons echter te ver voeren om er hier verder op in te gaan.
24. Zie ook Fisher (1990).
25. Mondelinge mededeling.

illustreert ook hoe de onderzoeker op een meer therapeutische manier de bevraging poogt af te stemmen op de mogelijkheden en grenzen van het kind.

4.3.2.3. De 'Raven'

We houden eraan deze interessante opdracht van Raven (1951) ook even te vernoemen in de context van kindertekeningen. De opdracht werd door Raven ontworpen voor algemene onderzoeksdoeleinden maar blijkt ook in een klinische context zeer bruikbaar. Tijdens deze 'Controlled projection for children' maakt het kind een vrije tekening terwijl het ondertussen geholpen door gerichte vragen een verhaaltje maakt. De verhaalsfeer wordt opgeroepen door de beginvraag: "Er was eens een jongen/meisje. Wat deed die graag? Met wie was die graag samen?" Daarna verkennen de vragen verschillende terreinen van de leefwereld van kinderen, zoals onder andere de verhouding tot leeftijdsgenoten en ouders, droomwereld, angst, agressie, zelfbeeld. Voor het maken van een tekening worden hierbij ook kleurpotloden ter beschikking gesteld. Het kind heeft naargelang zijn voorkeur de ruimte om meer in te gaan op het verbale dan wel op het tekenaspect van de taak. Er wordt hier dus gewerkt met een combinatie van picturale en verbale associaties die als aparte sporen aan de orde zijn. Dit dubbele spoor van expressie kan beveiligend zijn voor sommige kinderen. De uitwijkmogelijkheid vermindert de druk op elk expressiekanaal apart zodat het kind wat meer controle heeft over de situatie.

Volgens Anzieu (1960) zou de veronderstelling bij deze taak zijn dat de *vrije tekening* in deze omstandigheden gemakkelijker onbewuste factoren tot uiting zou brengen, vermits de bewuste aandacht van het kind in beslag genomen wordt door het maken van een verhaal. Verder onderzoek hieromtrent is zeker nodig. Wij hebben ook de omgekeerde indruk dat het vertellen soms beter gaat omdat het kind iets om handen heeft. Sommige kinderen hebben echter moeite met de dubbele concentratie terwijl anderen de *mogelijkheid om van expressiekanaal te veranderen* juist dankbaar kunnen benutten *als ondersteuning van het transitioneel proces dat bijdraagt tot een meer creatieve expressie.*

5. De interpretatieve analyse

In een eerste fase willen we vooral een *systematiek* bieden *voor de inventarisatie van kenmerken en hypothesen.* We zullen daarbij een houvast zoeken in de discipline waarmee we te werk gaan. Concreet starten we met het uitstallen van alle gemaakte tekeningen in de volgorde van afname en trachten we stil te staan bij de algemene stemming die van de tekeningen uitgaat. We laten ons daarbij leiden door in het oog springende expressieve kwaliteiten van de tekeningen. We bekijken het algemene niveau van de vormgeving en het bereik van de variatie in thematische uitwerking. Vanuit een globale vergelijking beginnen zodoende de eerste hypothesen vorm te krijgen. Daarna volgt een meer gedetailleerde *interpretatieve analyse* van de afzonderlijke tekeningen. De inhoudelijke symboliek van de tekeningen beschouwen we als een erg belangrijke bron voor interpretatie. We zullen daarom per tekenopdracht specifieke oriëntatiepunten en klemtonen bespreken. De andere invalshoeken, zoals het verloop van de lijnen, het kleurgebruik of de manier van benutten van de symbolische ruimte van de bladspiegel, zijn specifiek voor het medium tekenen, maar vooral van aanvullende betekenis. Zij kunnen de expressie van inhoudelijke thema's versterken of afzwakken, maar zij kunnen ook verwijzen naar meer structurele aspecten van de drifhantering.

Om naar een *synthetische interpretatie* toe te werken zullen we daarna opnieuw het geheel van de tekeningen moeten overzien en de bevindingen in een totaalbeeld trachten te integreren.

5.1. Het expliciteren van de waargenomen expressie

De expressieve kwaliteiten van een tekening zijn vaak voelbaar aanwezig, maar moeilijk grijpbaar, immers:

> "Het onuitsprekelijke zet hier vaak zijn eerste passen. Soms wil en durft het kind langs deze weg iets van zichzelf toevertrouwen aan de volwassene. Het kind – zich niet bewust van de indirect meegedeelde betekenis – onthult dan iets van zijn verlangen, woede, angst of verdriet." (Cluckers, 1990)

Wanneer we met die gevoelslaag in contact willen komen, mogen we ons niet beperken tot het aangeven van enkele oppervlakkige indrukken en is het op de eerste plaats vereist dat we *leren werken met de eigen subjectiviteit.* We moeten hierbij behoedzaam te werk leren gaan en proberen onze *indrukken te verbinden met waarneembare aspecten van de tekeningen.* Uiteraard gaat het hier om een aspect van analyse van tekeningen en niet om een zoeken dat met het kind of zijn ouders gedeeld wordt.

Levy (1975) zegt dat reeds het louter beschrijven van een tekening ons op het spoor van betekenissen kan brengen. Hierbij staat men zeker even stil bij de details of algemene aspecten die onwillekeurig onze aandacht trekken. Zo krijgen we doorheen het benoemen van typische eigenaardigheden van een tekening reeds toegang tot de expressieve waarde ervan. Bijvoorbeeld: een hond is vastgebonden aan een boom; het hoofd van de jongen is niet vastgehecht aan de romp, de benen hangen slingerend aan de romp enzovoort.

Abraham (1979) en Royer (1995) gaan een stap verder en menen dat het van belang is dat men zijn eerste intuïtieve indruk bij een tekening bewust tracht te worden. Door te proberen deze voor zichzelf onder woorden te brengen kan het eigen zoeken concreter vorm krijgen. Zo kan men nagaan welke stemming er uitgaat van de tekening; hoe de getekende persoon eruitziet, bijvoorbeeld: infantiel, agressief, depressief, dominerend, afstandelijk, zwak, actief enzovoort. Ook onverwachte persoonlijke associaties moet men niet onmiddellijk terzijde schuiven.

Bij dit alles achten wij het *van belang te vertrekken van een sensitief, ontvankelijk kijkend ondergaan van het expressiegehalte van een tekening.* Dergelijk *empathisch inleven* kan betrekking hebben op verschillende aspecten van de tekening.

Het *lichaamsschema* kan verkrampt, broos, beweeglijk, verbrokkeld, harmonieus... zijn. Bij de menstekening kan het een hulpmiddel zijn om actief bij zichzelf in te leven hoe de voorgestelde lichaamshouding ervaren wordt en om te situeren in welke zones men spanning of onzekerheid voelt. Sommige benen kunnen onmogelijk een romp ondersteunen. Welke zones worden het meest of minst doorleefd getekend?

De *stemming* is moeilijker grijpbaar, maar ook hier helpt de verwoording vaak om later verbanden op het spoor te komen die de synthese vergemakkelijken.

Uiteindelijk is het ook belangrijk te leren *luisteren naar de eigen opgeroepen gevoelens* zoals angst, vertedering, bezorgdheid, afkeer, wantrouwen, verwarring enzovoort. Hier komen we tot een proces dat nauw verwant is met het leren hanteren van tegenoverdracht. Handler-Spitz (1988b) noemt het een 'inward gaze' die voor het begrijpen van kunstwerken de hier en nu opgeroepen gevoelens tracht te analyseren om zo op het spoor te komen van dimensies die ook de kunstenaar beroerd moeten hebben.

> "(...) images will return that gaze, establishing a phenomenal space, a potential space (as Winnicott would have put it) in which inward and outward foci converge." (p. 125)

Zij pleit ervoor om de directheid van beeldtaal hierbij ten volle te benutten. Zeker bij kinderen die niet zo vaardig zijn in het bespreken van hun bedoelingen, is dit een belangrijk element. Maar hoe moet men zich dit *transitioneel proces* voorstellen bij het werken met tekeningen?

De picturale vormgeving in een tekening is het resultaat van een heen-en-weer-proces, zo stelden we eerder. Vanuit het project dat het kind zich vormt voor een tekening zal het gaan putten uit zijn voorraad ervaringen en ontstaat er een spanning tussen het project en de associatieve picturale beelden die zich aandienen. Het vasthouden van deze spanning duurt totdat de tekening, als een overbruggend product tussen voorstelling en realiteit, op een bevredigende manier gerealiseerd wordt. Dit geeft aanleiding tot een nieuwe of vernieuwde voorstelling. Deze tekeningen roepen ook bij de toeschouwer associatief opnieuw allerlei beelden op die op het eerste gezicht niet steeds congruent zijn met meer objectief bespreekbare aspecten van de tekening. Het is belangrijk dat de spanning van deze incongruentie opnieuw wordt vastgehouden bij het bekijken van een tekening, zodat er ook hier een pendelbeweging kan ontstaan tussen beeldkenmerken van de tekening, opgeroepen gevoelens en voorstellingen, en de pogingen tot verwoording en meer abstracte beeldvorming. Als diagnosticus moet men de spanning van de incongruentie tussen de picturale en verbale modus vasthouden tot men op een aanvaardbare manier zijn indrukken in kaart kan brengen.[26]

Vermits *picturale expressies* (Brakel, 1993) een primitieve vorm van denken zijn, *kunnen ze ook bij de toeschouwer diezelfde laag aanspreken en moeilijk verwoordbare ervaringen aan de oppervlakte brengen.* Royer (1995) doet een poging om iets van de aard van dit primitieve denken verder te verklaren. Zij wijst erop dat in tegenstelling tot de gesproken taal het zien niet aangeleerd wordt maar vanzelf verloopt doorheen een opeenvolging van beelden die zich opdringen. Het visuele beeld wordt wel verrijkt door taal en andere sensaties maar blijft voor haar de essentie van het innerlijk beleven dat veel globaler en veel sneller verloopt dan de gesproken taal. Iets daarvan zou ook bij de toeschouwer opnieuw geactiveerd worden bij het zien van een tekening. Zij vergelijkt dit met de rijkdom aan informatie die via oogcontact kan worden doorgegeven. Het omgaan met dergelijke intuïtieve interpretaties wordt volgens haar het liefst in kleine groepen aangeleerd zodat verschillende nuances in aanvoelen met elkaar geconfronteerd kunnen worden en verder gestaafd kunnen worden door ander materiaal. De verschillende associaties van de groepsleden kunnen dan soms verbonden worden met de gelaagdheid van de tekeningen zelf. De condensatie van verschillende betekenislijnen in één tekening kan daarbij een invalshoek aanreiken voor een geïntegreerde beeldvorming. Wij maakten in groepsbesprekingen ook meermaals mee dat er een ander soort van dialoog ontstaat wanneer de deelnemers de laag van beelddenken in zichzelf durven aanspreken als een bijkomende bron van informatie met het oog op de uiteindelijke interpretatie. Deze empathische benadering is een *waardevol hulpmiddel om in voeling te komen met de affectieve tonaliteit* die doorheen de vormelijke uitwerking van een tekening tot uiting komt. Het spreekt vanzelf dat deze gegevens aangevuld en gestaafd moeten worden door een bespreking van meer objectieve elementen van de tekeningen.

5.2. Beoordeling van het ontwikkelingsniveau

In het eerste deel hebben we reeds uitvoerig stilgestaan bij de verschillende niveaus in de ontwikkeling van het tekenen. Nu willen we de evaluatie van het ontwikkelingsniveau benaderen als een belangrijke stap in de interpretatie van tekeningen. Hierbij interesseren we ons vooral voor de *afwijkingen van het te verwachten ontwikkelingspatroon*: waar situeren ze zich? Hoe groot zijn

26. Bij kinderen wordt de dialoog tussen verbale en picturale elementen bovendien nog doorkruist door associaties die onmiddellijk in actie worden omgezet: het kind grijpt dan naar een modus die minder vereist dat representaties mentaal vastgehouden kunnen worden.

ze? Welke vormen nemen ze aan? In groepsbesprekingen kan het een hulpmiddel zijn om ongeïnformeerd de leeftijd van het kind te schatten vanuit de tekeningen. De verschillende schattingen verscherpen de alertheid van de observaties en stimuleren een samenhangende argumentatie.

Hier is een beoordeling op zijn plaats van meer structurele aspecten van de tekening, zoals een al of niet geslaagde integratie van het lichaamsschema of andere vormelijke aspecten van de tekening. Kent het niveau een harmonisch verloop doorheen de verschillende tekeningen? Is het realiteitsgehalte van de voorstellingen bevredigend? Komen er pathologische tekens voor? We beoordelen het ontwikkelingsniveau niet louter cognitief en structureel maar richten onze aandacht vooral op signalen die verwijzen naar de emotionele ontwikkeling. We denken hierbij onder andere aan thema's als separatie-individuatie, socialisatie, de identiteitsontwikkeling, de seksuele differentiatie. De thema's die gepaard gaan met regressies zullen verder opnieuw onder ogen genomen worden bij de analyse van symbolische betekenissen.

Regressies en onrijpheid kunnen zich voordoen onder allerlei vormen. Het ontbreken van essentiële lichaamsdelen zal ons meestal niet ontgaan. Dit is ook belangrijker naarmate het gaat om kenmerken die vroeg in de ontwikkeling verworven worden. Zo is het ontbreken van gelaatstrekken bij een kind van 10 jaar ernstiger in te schatten dan het ontbreken van armen. Een gebrekkige impulsbeheersing en een onrealistische uitwerking van thema's manifesteren zich op een andere manier tijdens de latentiefase dan bij kleuters. Sommige kinderen blijven langer vasthouden aan vormgevingspatronen die kenmerkend zijn voor jongere kinderen. Toch is dit niet steeds een teken van minderbegaafdheid. Ook het aantal details blijkt geen betrouwbare referentie aan begaafdheid. Cox en Maynard (1998) menen dat menstekeningen van kinderen met het Downsyndroom niet alleen minder gedetailleerd zijn dan de tekeningen van normaal begaafde kinderen met een gelijke mentale leeftijd, maar ook kwalitatief verschillen. De verschillen zouden onder andere te maken hebben met capaciteiten van integratie. Deze blijken zowel tijdens de aanpak en uitvoering van de taak als in het eindresultaat.

Ernstige regressies kunnen meer de vorm aannemen van *pathologische kenmerken* zoals bijvoorbeeld desintegratie. Menstekeningen kunnen onder invloed van overspoelende voorstellingen zo zwaar vertekend worden dat de integriteit van het lichaamsschema zelf aangetast wordt.[27] Bij tekeningen die vooral op fantasieniveau worden uitgewerkt, is een evaluatie wenselijk van de mate waarin het onderscheid tussen fantasie en realiteit gehandhaafd kan blijven.

Het situeren van zwakke plekken in de persoonsontwikkeling en het inschatten van de ernst ervan beschouwen we dus als een platform van waaruit het zoeken naar betekenis preciezer gericht kan worden.

---

27. Zie III.2.2. Rudy.

5.3. De eerste werkhypothesen

Als een eerste oriëntatie voor de verdere werkwijze willen we reeds in dit stadium van verwerking *komen tot een psychodynamische vraagstelling*. De volgorde waarin de tekeningen gemaakt werden, kan daartoe bijdragen. Vanuit een voorlopige, meer objectieve vergelijking van de verschillende tekeningen komen nu allerhande vragen op. Het gaat hier nog steeds om een eerder verkennende vraagstelling. We laten ons leiden door opvallende regressies, pieken en leemten in de tekeningen. Een tekening die duidelijk complexer en expressiever is dan de andere krijgt meer aandacht. Hoe breed is de variatie in weergegeven stemmingen? Zijn er extreme stemmingen? Welke tekening is de akeligste, de aangenaamste, de meest originele? Is er een opvallend verschil tussen een vrije tekening en opgelegde tekeningen? We hebben oog voor ongevraagde toegevoegde elementen: deze verwijzen immers duidelijk naar een persoonlijke keuze. Het is belangrijk de opkomende vragen eerst op een soort inventariserende manier bewust te worden.

Daarna trachten we de opgeroepen vragen te sorteren. Sommige vragen hebben te maken met een nood aan ruimere of meer precieze informatie met betrekking tot de reële context. Een huistekening waarbij alles getekend wordt achter een muur of zware omheiningen, roept bijvoorbeeld de vraag op of er ook in de realiteit iets verborgen of verzwegen moet worden. Andere tekeningen wekken vrij directe symbolische associaties op en nog andere lijken het verhaal te brengen van een reële gebeurtenis. Soms komen elementen van een thema in meerdere tekeningen aan bod. Er ontstaan aldus *verschillende lagen in de vraagstelling*. Bij het heen en weer bewegen tussen de verschillende tekeningen kunnen de vragen intussen meer vorm krijgen als vragen naar mogelijke dynamische verbanden. We wijzen hier nogmaals op het *dialectisch proces* waarop de diagnostiek gebaseerd is.

Dit proces zal men nog meermaals moeten doorlopen om een genuanceerde beeldvorming te verkrijgen. Een meer gedetailleerde analyse van de tekeningen volgens verschillende invalshoeken kan ons nu verder op weg helpen.

5.4. De symboliek van inhoud en vorm

De *concrete invulling van een thema* vormt hier het vertrekpunt voor interpretaties. Verschillende objecten (mens, boom, huis...) kunnen elk voor zich een bepaalde symboolwaarde hebben; dit geldt evenzeer voor de vitale onderdelen van deze objecten. We komen nog een stap dichter bij dynamische interpretaties wanneer we typische kenmerken van vormgeving erbij betrekken en bijvoorbeeld korte armen of benen gaan verbinden met een specifieke manier van in de wereld staan. Maar hoewel we de inhoudelijke symboliek beschouwen als een belangrijke toegangsweg voor het begrijpen van tekeningen, willen we vooraf toch nogmaals waarschuwen voor te vlugge of te rechtlijnige interpretaties. Niet altijd is de symbolische betekenis de voornaamste. Bij wijze van voorbeeld verwijzen we hier opnieuw naar de schuine schouw, of de schuin omhoog gerichte armen die volgens Freeman (1980) hoofdzakelijk het gevolg zijn van een kinderlijke tekenstrategie. *Bovendien kan de betekenis van een kenmerk zich op verschillende vlakken situeren* en dat maakt er de interpretatie niet eenvoudiger op. Osterrieth en Cambier (1976) bespreken het voorbeeld van de grootte van de menstekeningen:

- de grootte verwijst naar de reële grootte van het kind en verandert dus met de leeftijd[28];
- de grootte van een tekening heeft ook te maken met de eigendunk van het kind en zijn neiging om op het voorplan te treden en eventueel zichzelf te overschatten;
- anderen leggen meer de nadruk op compensatorische mechanismen die de grootte van een tekening kunnen bepalen. Grote tekeningen hebben dan te maken met de mate waarin men zich klein en bedreigd voelt en de compensatorische wens om groot en afschrikwekkend te zijn.

Voorlopig zullen we de verschillende mogelijke betekenissen nog naast elkaar noteren om ze pas later verder te sorteren en af te wegen op basis van convergentie. We zullen nu de inhoudelijke symboliek per thema verder toelichten.

5.4.1. De menstekening

Een menstekening is bij uitstek een inhoudelijk thema. Voor de interpretatie zullen we ons dus moeten afstemmen op een aantal inhoudelijke aspecten. Sommige daarvan situeren zich meer op reëel en narratief niveau. Andere hebben een overwegend symbolische betekenis.[29]

• Op *concreet verhalend niveau* stelt men zich de vraag *wie* het kind tekent. De persoon die getekend wordt, is volgens Koppitz (1968) degene waarover het kind zich het meest bekommert of die voor hem het belangrijkst is op het ogenblik dat hij de tekening maakt. Meestal tekenen kinderen zichzelf. Als het kind niet zichzelf eerst tekent maar vader of moeder, dan wijst dit erop dat de centrale bekommernis van het kind in positieve of problematische zin met hen te maken heeft. Abraham (1963, 1979) wees er ook op dat het een belangrijk signaal is van ontoereikende individuatie als kinderen voor hun eerste menstekening een tekening maken van een volwassene. Ze vernoemt ook de mogelijkheid dat een kind de onderzoeker tekent. Dit is doorgaans een slecht teken en komt voor bij kinderen die zich alleen en ongelukkig voelen en zichzelf niet de moeite waard vinden. Meestal hebben ze thuis niemand waarop ze betrokken zijn of waarover ze bekommerd zijn; het zijn sociaal geïsoleerde kinderen die hunkeren naar aandacht en affectie. Ze hebben

28. Zie ook Abraham (1976), Royer (1977).

29. De symbolische betekenis van de positie van de tekening op het blad zullen we vooral uitwerken bij de boomtekening en bij de afzonderlijke bespreking van de symboliek van de bladspiegel.

zo weinig warmte en erkenning gekregen dat ze overdreven reageren op de aanvaarding en de vriendelijkheid van de onderzoeker die eigenlijk een vreemde voor hen is. Bij hyperkinetische kinderen met weinig gerichtheid op het verleden of de toekomst kan het een uiting zijn van vluchtigheid: zij leven slechts op het moment zelf.

Kinderen die met zichzelf niet tevreden zijn, vervormen hun zelfbeeld tot figuren die nauwelijks nog menselijk zijn, bijvoorbeeld robots. Anderen tekenen een geïdealiseerd zelfbeeld, bijvoorbeeld een danseresje, helden, cowboys... Dit is dan een *meer symbolische betekenis* die op de voorgrond geplaatst wordt maar die nog nauw aanleunt bij concrete betekenissen. Vaak is de persoonlijke betekenis hier slechts te achterhalen vanuit de associaties van het kind zelf.

- We kunnen onze aandacht ook meer richten op *het zelfbeeld dat tot expressie gebracht wordt doorheen het lichaamsschema.* We baseren ons dan op de hypothese van Koppitz (1968) dat elke menstekening een weergave is van het zelfconcept, onafhankelijk van wie precies getekend wordt. Een kind dat zijn moeder tekent, moet voor de weergave ervan immers terugvallen op de eigen lichaamsbeleving. Het kan slechts een lichaam tekenen in de mate dat het dit min of meer bij zichzelf doorleeft. We vertrekken van de *inhoudelijke symbolische betekenis van de verschillende lichaamsdelen of zones.* Al deze lichaamsdelen kunnen meerdere mogelijke betekenissen hebben (Royer, 1977) en worden bovendien vaak vervormd door individueel bepaalde, concrete verwijzingen. Enkele mogelijke globale verbanden die ons interessant lijken, zijn de associatie van het *hoofd* met contact en intellect, van *de romp* met het impulsleven, van de nek met een controlefunctie tussen impulsleven en intellect. *Armen en handen* kunnen instrumenten zijn waarmee men de omgeving (zowel sociaal als materieel) tegemoet treedt. *Voeten en benen* kunnen aspecten van veiligheid en zelfaffirmatie tot expressie brengen. Royer (1977, 1995) beveelt een afzonderlijke analyse aan van drie aspecten van de menstekening, namelijk hoofd, lichaamsschema en kleding. Deze zouden respectievelijk verwijzen naar menselijk contact, de fysische constitutie en de sociale ambitie.

Royer bespreekt verder dat *kleding* gezien kan worden als een tweede huid maar in onze cultuur vooral ook narcistisch geïnvesteerd is en aldus een uiting wordt van het verlangen om te tonen of te verbergen. Het gaat hier volgens haar om de sociale façade. Problemen die in de kleding tot uiting gebracht worden, kunnen dan als minder ernstig beschouwd worden dan degene die op een dieper niveau hun uitdrukking vinden in het lichaam zelf. Ook de hoeveelheid *beweging* of de verwijzingen naar beweging die in een tekening voorkomen, worden door haar afzonderlijk besproken en op een analoge manier geïnterpreteerd als bij de Rorschach.

Deze inhoudelijke aandachtspunten gaat men dan verder bekijken in combinatie met karakteristieken van de vormgeving. Zo kan aan een grote *variëteit* om lichaamsdelen weer te geven ook telkens een specifieke betekenis gegeven worden. Dit kan zinvolle denksporen openen maar is niet altijd even betrouwbaar, vooral wanneer men vertrekt van losse kenmerken. *Weglatingen* worden op dezelfde basis symbolisch bekeken. Een meer gedifferentieerde uitwerking van deze symboliek en hypothesen voor de interpretatie ervan vindt men bij Royer (1977), Urban (1963) of ook Jolles (1964). Het is hier ook belangrijk te kijken naar de onderlinge proporties tussen lichaamsdelen en het integratieniveau van de vormgeving.

• Symbolische interpretaties hebben slechts zin tegen de achtergrond van wat men als harmonisch doorleefd zelfbeeld mag verwachten op een bepaalde leeftijd.[30] Op basis van een gecombineerde analyse van inhoud en vormgeving gaan we ook voor de menstekening afzonderlijk *het ontwikkelingsniveau evalueren.* We gaan na of de ontwikkeling harmonisch verloopt en of de verwachte mijlpalen van structurering en de kerndynamieken voor een bepaalde leeftijd aanwezig zijn. Bij een kopvoeter kijken we bijvoorbeeld naar de oriëntatie ten aanzien van de bladranden; we evalueren de balans tussen orale en anale kenmerken; we gaan ook na hoeveel prefiguratieve elementen er nog aanwezig zijn. Voor een ouder kind gaan we na of er voldoende kenmerken aanwezig zijn die wijzen op een goede latentie-ontwikkeling. Over het algemeen houden we ook rekening met leeftijdsgebonden stereotiepe expressievormen. Royer (1995) geeft een goed bruikbare schematische samenvatting van de stappen die verworven horen te zijn voor bepaalde leeftijdsgroepen.[31] Dit is zeker helpend om zich een basisoordeel te kunnen vormen.

• Het probleem van *de seksuele identificatie* van de getekende figuren is een specifieke vraag waaraan Abraham een gans onderzoek gewijd heeft (1976). Hieruit blijkt dat de hypothese niet houdbaar is dat de eerst getekende figuur een weergave zou zijn van de seksuele identificatie. Een jongen die eerst een vrouw tekent, hoeft niet noodzakelijk homofiele neigingen te hebben. Het is zelfs zo dat jongens tot op zekere leeftijd vaak eerst een vrouw tekenen: hiermee drukken ze dan vooral hun afhankelijkheid uit tegenover een moederfiguur. Ook Koppitz (1968) wijst erop dat in gezinnen waar de moeder de dominante figuur is, jongens significant de vrouwelijke figuur eerst tekenen. Royer (1977, 1995) tracht het probleem van de seksuele identificatie genuanceerder te benaderen en evalueert het overwicht van mannelijke of vrouwelijke kenmerken in elke tekening. De differentiatie tussen mannen en vrouwen is niet alleen inhoudelijk van belang. Het is ook een mijlpaal die in de loop van de ontwikkeling stapsgewijs vorm dient te krijgen.

• Voor de interpretatie van *profieltekeningen* wijst Abraham (1976) erop dat de reden waarom kinderen een profiel tekenen, misschien te maken heeft met het feit dat het op die manier gemakkelijker is om *beweging* weer te geven. In

30. Zie onder meer het eerste deel, of Osterrieth & Cambier (1976); Abraham (1963, 1976, 1979); Koppitz (1968); Royer (1977). Koppitz (1968) heeft onderzoek verricht over de houdbaarheid van enkele van deze symbolische interpretaties.
31. P. 97-105.

termen van Freeman zouden we profieltekeningen dan in verband kunnen brengen met een canonieke representatie voor beweging. De opdracht om een *interactie* te tekenen, zoals bijvoorbeeld een ruzie, doet het aantal profieltekeningen toenemen (Pinto, 1996). Cox (1993) stelt zich de vraag hoeveel lichaamsdelen in profiel getekend moeten worden vooraleer men van een echt profiel kan spreken. Ze ging hierbij ook de evolutie volgens leeftijd na. Profieltekeningen in een afzonderlijke menstekening worden symbolisch meestal in verband gebracht met het verlangen om weg te gaan uit een situatie en zich terug te trekken uit het contact. Abraham baseert zich voor haar interpretatie op de symbolische betekenis van 'links' en 'rechts'.[32] Zij verbindt de linkerkant meer met innerlijkheid en authenticiteit; de rechterkant is dan meer de gesocialiseerde kant, de rol die men opneemt, het masker dat men draagt. Het feit dat volwassenen meer profieltekeningen maken, zou te maken hebben met eisen van sociaal functioneren waarbij authentiek contact vaak vermeden wordt. Dit zou vooral bij mannen zo zijn: zij maken ook significant meer profieltekeningen dan vrouwen. Maar zowel mannen als vrouwen tekenen mannen meer in profiel, wat zou kunnen betekenen dat mannen meer dan vrouwen open emotionele relaties vermijden. Op 16 jaar zou er reeds een eerste piek zijn in het aantal profieltekeningen dat dan reeds boven de 50% ligt.

Voor de uiteindelijke interpretatie gaat men ervan uit dat bij de menstekening verwacht wordt dat de expressie haar vorm vindt terwijl ook de basisstructuur van het lichaam overeind blijft. In psychodynamische termen zou men kunnen zeggen dat een persoon zijn affectieve schommelingen lijfelijk en mentaal moet kunnen bevatten zodat de expressie ervan via sociaal aanvaardbare kanalen kan verlopen. Dit impliceert een begrenzing en beheersing van de intensiteit van affecten. Waar dit proces moeizaam en met spanning verloopt, kan men in zekere mate aflezen uit de soepelheid, de starheid of de inperking van de vormgeving, of ook uit de intensiteit waarmee de lijnen worden neergezet. Wanneer bij een menstekening de basisstructuur van het lichaamsschema wordt aangetast, dient men in te schatten in welke mate dit een element van een ernstige en meer fundamentele problematiek kan aangeven.

5.4.2. De boomtekening

De boomtekening appelleert aan andere aspecten van zelfervaring dan de menstekening. Waar bij de menstekening de klemtoon lag op het kunnen bevatten van affectieve schommelingen, ligt bij de boomtekening meer de nadruk op het in kaart brengen van de aard en de intensiteit ervan en op de wijze waarop de aanwezige stuwing van affecten al dan niet een uitweg vindt naar de realiteit. *We stellen ons* met andere woorden *de vraag of de persoon een*

32. Voor verdere achtergrond zie II.5.6.

uitwisseling met de realiteit tot stand kan brengen waarbij hij met zijn meest fundamentele behoeften aan zijn trekken komt, zodat hij erin slaagt een eigen plaats in te nemen waar leven en groei mogelijk zijn. Royer (1989) bespreekt deze dynamiek in termen van projecties die te maken hebben met het verloop van *vitaal elan en groei.* Het beeld van een boom laat toe deze minder bewuste dimensies uit te drukken doorheen de structuur zelf van de boom. En zelfs wanneer allerhande vervormingen in beeld worden gebracht, kan het geheel nog steeds een aanvaardbare boom blijven voorstellen.

In *symbooltaal* worden er specifieke betekenissen in verband gebracht met bepaalde onderdelen van de boom. De *stam* verwijst dan naar de primaire laag van aandriften, temperament en constitutie. Deze kan zwak of sterk zijn (omvang) en wankel of stevig in de realiteit zijn ingeplant. Musschoot en Demeyer (1974) verduidelijken dat Koch de stam ook beschouwt als het meest stabiele deel van de boom. In ieder geval is het de stam die samen met de wortels de stabiliteit van de boom moet verzekeren. De aandacht die aan de *wortels* besteed wordt, wordt toegeschreven aan het verloop en de integratie van het streven naar veiligheid. Wortels kunnen onopvallend en vanzelfsprekend aanwezig zijn maar kunnen ook sterk benadrukt worden. De uitbouw van *de kroon* zou aangeven hoe aandriften een uitweg vinden in de realiteit, bijvoorbeeld via dikke, dunne, verwarde, elkaar kruisende, puntige, fijne vertakkingen enzovoort. De buitenkant van de kroon en de uiteinden van de takken worden ook in verband gebracht met de aard van de ik-jij-uitwisseling met de omgeving. De kroon moet ook in verhouding zijn tot de 'voorraad' die vanuit de stam aanwezig is. Een zware kroon voor een zwakke stam kan te maken hebben met onrealistische ambities. We zoeken hier dus naar *dynamische kenmerken van de persoonlijkheidsstructurering.*

Koch (1949) zelf raadt aan om voor de analyse van boomtekeningen een aantal verhoudingen nauwkeurig na te meten, zoals lengte en breedte van de kroon en de verhouding van de kroon tot de stam. Maar zijn meest centrale bijdrage tot de interpretatie van boomtekeningen is ons inziens het herkennen van het *archetype 'kruis'* dat doorheen het beeld van een boom werkzaam is. Hij vond de inspiratie daarvoor bij inzichten uit de grafologie. Het kruis, met zijn evenwaardige verticale en horizontale polen, staat hierbij symbool voor een *synthese van polaire spanningen binnen het individu en voor de synthese van de polaire spanningen tussen het individu en zijn omgeving.* Het hypothetisch model van een kruis wordt door Koch gebruikt om zowel de boom zelf als het volledige tekenblad te verdelen in een aantal betekeniszones, die we zullen aangeven bij de bespreking van de ruimtesymboliek van de bladspiegel.[33] De nadruk naar rechts of links wordt nagegaan door de loodlijn te trekken vanuit het midden van de stambasis. Een overwegende uitbouw naar rechts of links, of een helling naar één van beide kanten wordt dan onder an-

33. Zie II.5.6.

dere geïnterpreteerd op de spanningslijn tussen verleden en toekomst, passiviteit en energie... Dezelfde spanning tussen links en rechts wordt nagegaan voor gans de boom, voor de stam en voor de kroon, maar ook voor de plaats die de boom inneemt ten aanzien van de bladspiegel. De spanning tussen onder en boven is dan de andere pool. Musschoot en Demeyer (1974) bespreken dat Koch meerdere mogelijkheden onderscheidde om de ontwikkelingslijn van onder naar boven te interpreteren: ontwikkeling vanuit het onbewuste naar het bewuste, evolutie van aanleg naar ontplooiing en ten slotte ook de verwijzing naar de reële geschiedenis van de persoon.

Op die manier biedt de ruimtesymboliek een basiskader om wegwijs te geraken in de veelheid van mogelijke en op het eerste gezicht vaak tegenstrijdige betekenissen, die Koch toeschrijft aan bepaalde kenmerken van de boomtekeningen. *De evenwichten of disharmonieën binnen de boom zelf kunnen gezien worden als een weerspiegeling van analoge verhoudingen binnen de persoon.* Afweermechanismen en fixaties kunnen daarbij tot uiting gebracht worden. Kenmerken die enkel rechts voorkomen, zouden conflicten betreffen van het ik met de buitenwereld; komen ze enkel aan de linkerkant voor, dan denkt men eerder aan conflicten in de persoon zelf.

Hoewel de dynamische betekenis op de voorgrond staat bij de interpretatie van boomtekeningen, moet ook hier de *evaluatie van ontwikkelingsaspecten* een plaats krijgen. Bij kinderen uit de latentieleeftijd mag men meer verwachten dan een rechthoek voor de stam, met een klein bolletje erbovenop voor de kroon. Musschoot en Demeyer deden een uitgebreid onderzoek naar het voorkomen van allerlei kenmerken van boomtekeningen op verschillende leeftijden (5 jaar tot 16 jaar en ouder). Zij wilden hiermee terecht reageren "tegen het overdreven en voortvarend gebruik maken van symbolische interpretaties". De besproken kenmerken worden duidelijk omschreven en tevens geïllustreerd. Uit hun onderzoek blijkt bijvoorbeeld dat het tekenen van een boom op de bladrand tweemaal een significant ontwikkelingskenmerk is:

> "Aanvankelijk wijst het op een toenemende rijpheid, daar kinderen van 7 jaar significant meer op de bladrand tekenen dan de jongere. Wanneer een kind van 5 jaar de boom op de bladrand tekent valt dit ontwikkelingspsychologisch gunstig te interpreteren in vergelijking met zijn leeftijdsgenoten. Na 11 jaar is dit kenmerk duidelijk door de meeste kinderen verlaten en is het één van de kenmerken die kunnen wijzen op ontwikkelingsvertraging." (p. 84)

Tegen de achtergrond van het eerder geschetste ontwikkelingskader betekent dit dat het vijfjarige kind dat op de bladrand tekent, een stabiele ruimtelijke oriëntatie bereikt heeft. De elfjarige kinderen daarentegen die nog op de bladrand tekenen, geven aan dat ze nog een uitwendig houvast (bladrand) nodig hebben voor hun gevoel van veiligheid. Ze hebben nog onvoldoende die veilige bodem verinnerlijkt of met andere woorden in zichzelf ontwikkeld.

Furth (1991) brengt de boomtekening nog op een andere manier in relatie met de leeftijd. Uitgaande van een mogelijke symbolische verwijzing naar de persoonlijke levensgeschiedenis stelt hij voor een *'levenslijn'* te tekenen vanaf de onderkant van de boom naar het uiteinde van de kruin toe. De hoogte waarop gaten, wonden, afgezaagde takken, vogelnestjes enzovoort getekend worden, brengt hij in verband met de relatieve plaats in de ontwikkelingsgeschiedenis. Deze invalshoek kan nuttig zijn om traumatische ervaringen aan te geven.

De associatie van de boomtekening met dynamische krachten die in de persoon werkzaam zijn, biedt meermaals een verrassend zicht op complexe aspecten van het functioneren van de persoon. Het loont daarom ons inziens zeker de moeite om zich vertrouwd te maken met de interpretatie van boomtekeningen.

5.4.3. De huistekening

Ook deze tekening biedt een eigen invalshoek voor symbolische verwijzingen. Royer (1989) noemt de holle binnenkant van een huis "leeg maar toch vol inhouden". Dit is een essentieel aspect, waardoor deze tekening zich onderscheidt van de mens- en de boomtekening. Het beeld van een huis is een archetype dat verbonden is met onze veiligheid, onze liefdes, onze bezittingen en ons sociaal statuut. Het huis is steeds een 'container' die in een omgeving geplaatst wordt en gekenmerkt is door een binnen- en een buitenkant. De grens tussen deze twee ruimten vertoont mogelijke doorgangen en biedt kans tot onderlinge uitwisseling.

Dolto (1989) maakt voor de pre-oedipale periode onderscheid tussen *drie stadia van huistekeningen*:

- Het 'molensteenhuis' is het eenvoudigste en bestaat uit een omtrek met daarin slechts een deur en een klein rond raampje.
- Daarna komt het 'godshuis' dat vierkant of rechthoekig in de hoogte is uitgebouwd en daarbovenop een driehoekig dak krijgt. Dit huis verwijst naar een periode waarin het kind begaan is met het thema van almacht of onderwerping. Ofwel voelt het kind zich meester over de volwassene, ofwel is de volwassene meester over het kind. Het kind heeft hier nog niet de ordening van de maatschappij ontdekt waar ook volwassenen ouders hebben. Een dergelijk huis kan variëren in de hoogte: uitgerekt in de lengte dient dit schema voor kerken en torens en afgeplat kan het gebruikt worden voor een hondenhok.
- Het 'sociale huis' ten slotte is rechthoekig in de breedte en heeft een trapeziumvormig dak. De deur is rechthoekig en er zijn kruisramen. Op de bovenste horizontale lijn van het dak staat links of rechts een schouw. Vaak wordt de omgeving er uitgebreid bijgetekend: zon, lucht, wolken, hekkens, toegangswegen, beplanting enzovoort. Bij deze huizen komt ook pseudotransparantie voor: alsof we doorheen de muren een lamp of een gedekte tafel zien met iedereen op zijn plaats. Dolto spreekt in dit verband van "la pseudo-vie sociale en famille".

Al deze huisvormen zijn volgens Dolto stereotiepe vormen die louter een product van de verbeelding zijn. Vanaf de latentie worden huizen meer en meer een condensatie van realistische observaties waarin hier en daar, onder invloed van emotionele problemen, regressies naar deze primitieve vormen kunnen optreden.

De meest systematische en gefundeerde benadering van de huistekening vinden we bij Royer (1989). Zij biedt een uitgebreid overzicht van kenmerken van huistekeningen, hun voorkomen bij meisjes en jongens en de bijbehorende interpretaties. De kenmerken betreffen zowel het algemeen voorkomen van het huis als de grafische kenmerken ervan en worden verder ook geordend volgens vormen om onderdelen als het dak en de schouw, het hoofdgedeelte met deuren en vensters en de omgeving vorm te geven. Bij haar vinden we ook het infantiele huisschema vermeld, dat als een gezicht getekend wordt: vierkant van vorm met één centrale deur en daarboven twee ramen, geplaatst als mond en ogen.

Royer omschrijft de algemene symbolische betekenis van de verschillende onderdelen van een huistekening als volgt:

- Het *dak* als het hoofd van het huis wordt gezien als de plaats van gedachten, herinneringen en dromen.
- De *muren* zouden verwijzen naar het hoofdgedeelte ('corps') van het huis en kunnen alles wat stabiel en onveranderlijk is aan het individu, vertegenwoordigen. Het huis is normaliter immobiel; enkel doorheen de deuren, de ramen en de schoorstenen kunnen stukjes van het leven binnenshuis doorschemeren. Achter de bescherming van de muren verbergt het de geheimenissen van zijn bezittingen, zijn keuken, zijn wasbeurten, zijn seksualiteit, zijn tederheid en zijn wrok. Muren beschermen de inhoud tegen bedreigingen van bovenaf (lucht) maar ook tegenover zijdelingse invloeden vanuit de directe omgeving.
- De *deur* is meer essentieel dan de vensters en is bij uitstek de plaats van uitwisseling, van overgang van intimiteit (al of niet gelukkig) naar het universum van de buitenwereld (al of niet aantrekkelijk). Een deur kan verwijzen naar alle lichaamsopeningen en kan zowel een orale, een anale of een fallische betekenis krijgen. Vooral bij meisjes zou de deur een seksuele connotatie kunnen krijgen, terwijl jongens dergelijke betekenis meer op de schouw projecteren (toch zou er slechts een klein verschil zijn in het voorkomen van een schouw op de tekening van jongens (66%) en meisjes (60%)). Vooral de manier van tekenen moet hier verdere aanwijzingen geven. Een deur is ook een ambivalent symbool; ze heeft van binnenuit een andere betekenis dan van buitenaf gezien.
- De *ramen* zijn voor Royer als de ogen van het huis. Goed beveiligd achter de muren kan men van daaruit de wereld observeren en er ook mee communiceren. Maar omgekeerd kan er doorheen de ramen ook naar binnen gekeken worden. Gordijnen en luiken kunnen dit verhinderen. Soms laten ramen ook inkijk toe op het leven binnenshuis. De plaatsing van de ramen

kan wijzen op een bepaalde affiniteit of afkeer van het kind tegenover bepaalde gezinsleden.

- Een huis is ook altijd ergens gesitueerd. Kinderen tekenen er vaak elementen van de *omgeving* bij. Om een omgeving te kunnen tekenen, zegt Royer, moet het kind in staat zijn afstand te nemen van het huis om het mentaal in zijn geheel te kunnen situeren en beoordelen. Een kind dat geen omgeving tekent, zou zich volledig met zijn gezin identificeren. Het wel tekenen van de omgeving zou erop wijzen dat het kind zich op één of ander punt onderscheidt van zijn omgeving. De reden van het verschil moet men dan zoeken in de dialoog tussen het huis en de omgeving. Royer ordent verder de mogelijke elementen uit de omgeving in volgende rubrieken:
  - lucht (horizon, zon, wolken, maan, sterren...);
  - vegetatie (gras, bloemen, bomen...);
  - omheiningen, poorten, water (vijver, put...);
  - elementen die verwijzen naar relationeel contact (mensen, dieren, andere huizen, auto's, wegen...).

Zij gaat ook verder in op de symbolische betekenis van al deze elementen.

Samenvattend kan men zeggen dat *stevigheid en toegankelijkheid* belangrijke te beoordelen aspecten zijn. Soms vindt men ook duidelijke aanwijzingen omtrent de aard van de dialoog met de omgeving. De nadruk leggen op het huis of de omgeving zou verband houden met het belang dat men hecht aan het eigen innerlijk leven of aan activiteiten in de buitenwereld en sociale contacten. Maar huizen stralen ook een *stemming* uit, bevatten al of niet een *teken van leven.* Zo kan een rookpluim veelzeggende informatie aanreiken. Een rookpluim kan iets uitdrukken van de warmte binnenin, maar kan ook impulsief naar buiten 'stomen' of een donkere stemming oproepen en in een neerwaartse beweging getekend worden. Versieringen zouden dan weer een belangrijk kenmerk zijn van meisjestekeningen. Jongens zouden zich daarentegen vlugger toeleggen op het weergeven van perspectief.

Hermand-Bernard gooit het over een gans andere boeg bij de analyse van *boottekeningen.* Zij heeft rigoureus de quoteringsmethode voor de Rorschach toepasselijk gemaakt voor de boottekening. Deze omvat de benaderingsstijl (globaal of gedetailleerd); de determinanten als kleur, vorm en beweging; het vormniveau. Ze geeft ook een overzicht van banale en originele thematische vormgevingen. Het idee lijkt mij interessant maar de methode is moeilijk en omslachtig. Bovendien werkt Hermand-Bernard de specifieke rijkdom van beeldtaal met zijn eigen dialectiek minder uit. Een aantal van de bovenvermelde kenmerken van huistekeningen zijn zeker ook bruikbaar voor boottekeningen.

5.4.4. De familietekening

De analyse en interpretatie van kenmerkende vormgevingsaspecten kunnen op een analoge manier gebeuren voor de gewone familietekening en de familie in dieren:

- De *volgorde* waarin de verschillende gezinsleden getekend worden, kan symbolisch belang hebben. Hierbij kan men nagaan of deze overeenstemt met de respectievelijke leeftijd van de gezinsleden of misschien verwijst naar een positieve of negatieve evaluatie van de betrokkene.
- Ook de *groepering of de onderlinge verhouding* tussen de figuren en hun spreiding over het blad kunnen aanvullende aanwijzingen verschaffen. Worden er groepjes gevormd? Wordt één of andere nabijheid beklemtoond? Zijn er figuren geïsoleerd, in de ruimte of door de manier waarop ze getekend worden?
- Het *weglaten van personen* is vaak zeer revelerend en kan verwijzen naar intense negatieve gevoelens ten overstaan van de weggelaten persoon. Zichzelf weglaten heeft eveneens een speciale betekenis en is nooit toevallig. Het kind toont hiermee dat het zichzelf niet als een belangrijk of geïntegreerd deel van het gezin ervaart en zich eventueel onbewust verworpen voelt. Een sociaal en emotioneel goed aangepast kind is tevreden over zichzelf en heeft een gezond zelfrespect. Bij een jong kind zien we dan ook vaak dat het zichzelf eerst tekent en in het centrum van de familie. Oudere kinderen stemmen zich meer af op de reële gezinsconstellatie.
- Het weglaten of beklemtonen van lichaamsdelen en het weergeven van *uitdrukkingsgebaren* kunnen in samenhang met de weergegeven relationele context een sprekende betekenis krijgen.
- *Toevoeging van figuren* kan wijzen op een gebrek aan differentiatie van het kerngezin of op een wensdroom, of het kan een weerspiegeling zijn van losse hechtingspatronen.

Bij de *familie in dieren* kunnen dezelfde facetten via andere expressiepatronen vorm gegeven worden:
- De gezinsleden kunnen allemaal als *gelijke of allemaal als verschillende dieren* voorgesteld worden. Het tekenen van gelijke dieren is niet noodzakelijk een aanwijzing van positieve relaties maar is meermaals een aanduiding van gebrek aan differentiatie zoals in een symbiotisch gezin.
- Dieren worden heel vaak in *profiel* getekend. Daardoor kunnen coalities of andere onderlinge verhoudingen vlot weergegeven worden door het al of niet in dezelfde richting kijken van de verschillende dieren.
- De meer *gevarieerde grootteverhoudingen* in de dierenwereld kunnen eveneens benut worden in functie van individuele expressieve noden. Het omkeren van de reële grootteverhoudingen kan op een revelerende manier persoonlijke karakteristieken weergeven. Tegenstrijdigheden dienen dus zeker onze aandacht te trekken.

Het is vooral op het vlak van de *verschillende symbolische expressiemogelijkheden* dat de familie in dieren zich onderscheidt van de gewone familietekening. In zijn geheel is het archetype 'dier' het symbool van instincten, van fysisch leven, van actie, maar ook van een grote verscheidenheid van gevoelens die opgeroepen worden door de fysische en andere bijzonderheden van de soort, als leefwijze, typische handelingen, woonplaats en ook het type van relatie dat het dier onderhoudt met mensen (Royer, 1995). Het kind kan daarmee een veelheid van associaties benutten om ons een beeld te geven van de manier waarop het zichzelf ervaart en situeert binnen de gezinscontext.

Gräser (1957, 1970) zoekt op een meer hypothetisch niveau verdere aanwijzingen in de *dierensymboliek*. Ze gaat er in haar handleiding uitgebreid op in en geeft voor elk dier een aantal positieve en negatieve kenmerken zoals ze die uit sprookjes, overlevering en dergelijke heeft kunnen achterhalen. Toch biedt dit ons inziens (Meykens, 1965) geen uitsluitsel voor de interpretatie en moet zeker de combinatie met andere aspecten in het oog gehouden worden. Het is immers zo dat het merendeel van de getekende dieren niet vanzelfsprekend als goed of slecht gekarakteriseerd kunnen worden. Zo worden de meest getekende dieren (kat en hond) door ongeveer evenveel kinderen als goed of slecht ervaren. Toch kan de keuze van een bepaald dier een middel zijn om bepaalde eigenschappen van een persoon te verduidelijken, bijvoorbeeld zachtheid, weerloosheid, kleinheid, agressie, grootheid enzovoort. Ook specifieke verhoudingen, zoals de strijdrelatie tussen kat en hond of de spanning tussen kat en muis, kunnen juist daarom gekozen worden. Maar om dit uit te maken moet men verdere aanwijzingen zoeken in de manier waarop de dieren getekend werden of ook in de associaties tijdens de navraag.

Voor de *uiteindelijke synthetische interpretatie* suggereert Brem-Gräser (1970) de dimensies geborgenheid, contact en macht te beoordelen voor elke familietekening. Haar manier om op basis van onderzoek verbanden te leggen tussen de besproken dimensies en kenmerken van tekeningen lijkt ons wat reducerend. Voor klinisch gebruik komt de rijkdom van de beeldende expressie ons inziens te weinig tot zijn recht.

Fury, Carlson en Sroufe (1997) gingen ons inziens genuanceerder te werk bij hun onderzoek van de *voorstellingen van gehechtheidsrelaties in familietekeningen*. Zij hebben daartoe een checklist van Kaplan en Main verder uitgewerkt. Ze schrijven een aantal kenmerken van tekeningen toe aan vier stijlen van gehechtheid: angstig-vermijdend, angstig-weerstandig, angstig-onveilig, gedesorganiseerd/gedesoriënteerd. Daarnaast werden de tekeningen ook beoordeeld op een zevenpuntenschaal voor vitaliteit/creativiteit, familietrots/geluk, kwetsbaarheid, emotionele afstand/isolatie, spanning/woede, rolomkering, bizarheid/dissociatie, globale pathologie. Vooral het hanteren van een beoordelingslijst voor de interpretatie van tekeningen is een onverwachte invalshoek. Verder benadrukken ze dat individuele kenmerken van tekeningen meestal geen betrouwbaar onderscheid kunnen maken tussen verschillende stijlen van gehechtheid. Combinaties van kenmerken en beoordelingen van de tekeningen zouden echter wel discriminatieve validiteit hebben als een aanduiding van de voorstellingen van gehechtheid bij de onderzochte kinderen.

Met de familietekening wordt een zone aangesproken waar sommige projecties ook voor het kind bewust zijn of toch heel dicht bij het bewustzijn liggen.[34] Men dient dan bij de interpretatie ook na te gaan of er onderscheid gemaakt kan worden tussen de expressie van intrapsychische dynamieken en de weergave van actuele interactionele problemen in het gezin. *We mogen enerzijds niet te vlug besluiten dat hier vooral reële interacties geschetst worden, maar evenmin mogen we nalaten de invloed van de reële context voldoende gewicht te geven.* Bij de FID komen deze twee dynamieken heel dicht bij elkaar. Dit schept kansen en problemen.[35]

5.5. Grafische aspecten

Een meer precieze analyse van de aard van de lijnen is vooral belangrijk als aanvulling bij de analyse van andere aspecten van een tekening. Men kan hieromtrent in handleidingen allerlei aanwijzingen vinden die stammen uit de grafologie. Bij de interpretatie moet men wel steeds oog hebben voor situationele factoren als de hardheid en de scherpte van een potlood.

Volgens Royer (1995) is de precisie van de lijnen, hun richting, de uitgeoefende druk en de beheersing van de impuls, afhankelijk van motorische vaardigheden, maar ook een weerspiegeling van wisselende gemoedsgesteltenissen die minder bewust verlopen. Lijnbeheersing bij meer complexe tekeningen vereist dat een lijn gestopt kan worden en precies hernomen wordt waar ze werd afgebroken, zodat lijnen uit tegengestelde richting perfect op elkaar aansluiten. Hierbij is er een voortdurend heen en weer gaan tussen de voorstelling en de realisatie ervan, totdat verlangen en de materialisatie ervan op een aanvaardbare manier samenvallen. Dit vereist dat de mentale voorstelling tegelijkertijd in zijn geheel en in haar onderdelen bijgehouden kan worden.

Variaties in het lijnverloop zijn volgens Royer vanaf 9 jaar niet meer hoofdzakelijk afhankelijk van het niveau van motorische maturiteit maar ook van karaktertrekken. Een opvallend slecht lijnverloop kan wijzen op neurologische problemen.

- Een *direct lijnverloop* zou wijzen op grote zelfverzekerdheid, maar komt wat koel over.
- Het *hernemen van lijnen* komt voor bij meer emotieve, sensitieve personen, die wat aarzelend en minder bruusk zijn in hun sociale contacten.
- Het *overwicht van ronde of rechte lijnen* vormt een belangrijk onderscheid tussen jongens en meisjes, maar ook tussen 'harden' en 'zachten'. De graad van samengaan van beide vormen van lijnen moet worden nagegaan, alsook de toepassing ervan voor diverse thema's en onderdelen van een tekening. Er moet overeenstemming zijn met de aard van het thema. Een huis

34. Zie II.4.3.2.1.
35. Zie ook III.1.4.

bijvoorbeeld vereist rechte muren, terwijl levende wezens vragen om een soepel lijnverloop.

- De *uitgeoefende druk* weerspiegelt de graad van motorische beheersing. Het gebrek aan kracht geeft zeer lichte, nauwelijks zichtbare lijnen. Het gebrek aan controle over de kracht geeft zware lijnen die soms het blad bijna scheuren. De gerichte en beter beheerste brede en donkere lijnen drukken zelfzekerheid, intensiteit van gevoelens, zintuiglijkheid uit. De lichte lijnen wijzen op sensibiliteit, verfijndheid, bedeesdheid, onbeslistheid, vrees. De intensiteit van de druk houdt ook verband met de graad van belangrijkheid van wat wordt voorgesteld. Logischerwijze worden omtreklijnen met meer druk getekend dan de lijnen voor de details binnenin.

Brem-Gräser (1970) ordent haar bespreking enigszins anders:

- *Voor het karakter van de lijnen* bespreekt ze vier mogelijkheden waarbij het gaat om grondkwaliteiten die een combinatie zijn van zwakke of sterke druk en smalle of brede lijnen. De druk heeft te maken met de manier waarop met de weerstand van het papier wordt omgegaan. De breedte van de lijnen zou een weerspiegeling zijn van de algemene aanspreekbaarheid en de aard van het contact beleven. Brede lijnen zouden wijzen op overgave en volheid van het beleven maar ook op breedsporigheid en ongegeneerdheid. Smalle lijnen wijzen meer op afstand houden of vermijden van aanspreekbaarheid.
- Hoe vloeiend de lijnen getekend werden, wordt nagegaan in termen van *het verloop van de lijnen.* De soepelheid of de elasticiteit van de lijnen omvat alle nuances tussen slap en stevig en beschrijft het verend en wisselend ritmisch verloop van lijnen dat te los of te strak kan zijn. Brem-Gräser bespreekt ook de zekerheid of onzekerheid van de lijnen. Zijn ze rustig en gelijkmatig? Zijn het verbonden of onderbroken lijnen? Bij onderbroken lijnen wordt de motorische beweging geremd door het kritische bewustzijn. Door deze controle verraadt zich distantiëring en objectivering. Daarnaast worden ook storingen van het lijnverloop, zoals beverige lijnen en drukverschillen, besproken.
- Bij *de vlakbehandeling* interesseert ons vooral wat Brem-Gräser 'Konturierung' noemt, of het duidelijk naar voren halen van de objecten door een vaste afgrenzing van de vorm. Dit zou wijzen op een overwegend aandeel van het verstand. Wij zouden eerder zeggen dat het defensief omlijnen van voorwerpen een uiting is van problemen rond afgrenzing of differentiatie van de eigen persoon. Vermits het hier uitsluitend over potloodtekeningen gaat, wordt hier ook de beschaduwing besproken die een andere kwaliteit heeft dan in gekleurde tekeningen. Brem-Gräser verbindt beschaduwing in het algemeen met een overwicht van stemming en aandrift in de persoonlijkheidsdynamiek. Vaak wordt beschaduwing echter ook in verband gebracht met angst. Koch bespreekt vooral voor de boomstam ook andere mogelijkheden om de kwaliteit van een oppervlakte weer te geven.

5.6. De symboliek van de bladspiegel

De plaatsing van een tekening op het blad kan men beschouwen als een structureel basisaspect van de tekening, dat rijk is aan betekenissen. Om dit te verduidelijken vertrekken we vanuit de achtergrond van de ruimtesymboliek zoals Abraham (1976) die formuleert in verband met de menstekening, maar die evenzeer van toepassing is op huis- en boomtekeningen en het rijkst is uitgewerkt voor de interpretatie van boomtekeningen. De manier waarop het kind gebruikmaakt van de grafische ruimte van het blad, staat in nauw verband met de positie die het denkt in te nemen in de wereld. Het blad wordt daarbij gezien als symbool voor de levensruimte van het kind. Het gaat om *de psychologische subjectieve ruimte*, de ruimte waarbinnen het ik zijn activiteiten en levensprojecten kan ontplooien.

Wanneer men naar een tekening kijkt, verwijst de plaatsing van de persoon rechtstreeks naar de sfeer waarin de persoon zijn existentiële positie in de wereld heeft uitgebouwd. Deze positie staat in nauw verband met verlangens, conflicten en angsten die de zelfrealisatie vorm geven. De grootte van de tekening heeft natuurlijk ook invloed op en is nauw verbonden met de positie en expansie van de tekening in het grafisch veld van de bladspiegel. Abraham (1976) heeft ook onderzoek verricht in verband met enkele aspecten van het gebruik van de bladspiegel. Ze geeft dit weer in tabellen die de variatie volgens leeftijd en geslacht aangeven voor de afwijking ten aanzien van de verticale en horizontale as (p. 171, 174).

Een verder hulpmiddel is de *symboliek van de bladverdeling* zoals die vooral in de grafologie en voor de boomtekening werd uitgewerkt. De kruissymboliek die hiervan aan de basis ligt, wordt door verschillende auteurs meer of minder uitgewerkt. Het is de interpretatie van de boomtekening die hoofdzakelijk steunt op een gedifferentieerde toepassing van deze ruimtesymboliek. Anzieu (1960, p. 204-206) geeft een uitgewerkt voorbeeld van een dergelijk schema. Royer (1995, p. 123) verdeelt het blad in negen gelijke zones door twee parallelle verticale en twee parallelle horizontale lijnen. Links (L) betreft het verleden, rechts (R) de toekomst. De onderkant (O) verwijst naar materialiteit en de bovenkant (B) naar idealisme en fantasieleven. Dit geeft de indeling zoals weergegeven in tabel 1.

Voor het onderste middenvak zouden we aansluitend bij Grünwald-Koch[36] ook het onbewuste willen vermelden.

Royer wijst erop dat deze betekenissen omgekeerd kunnen zijn bij sommige linkshandigen of in culturen waar het geschrift van rechts naar links verloopt. *De invloed van linkshandigheid* blijft echter ons inziens totnogtoe een onopgeloste vraag. Abraham (1976) meent dat zowel rechtshandigen als

36. Cit. in Anzieu (1960).

Tekening C1

linkshandigen een profieltekening hoofdzakelijk naar links richten. Dit zou dus kunnen betekenen dat de symbolische ruimte voor links- en rechtshandigen dezelfde blijft, zoals ook voor iedereen hier de zon opkomt in het oosten en ondergaat in het westen. Ook de reële ruimtelijke ordening is voor beide groepen dezelfde.

Tabel 1. Symboliek van de bladspiegel volgens Royer (1995).

BL twijfel op zichzelf teruggeplooid dromerig regressie	BM denken verbeelding idealisme	BR onbekommerdheid irrealisme impulsiviteit
ML verleden spijt, verdriet passiviteit moeder	MM heden realisme actie ik	MR toekomst verlangen energie vader
OL angst vlucht zich terugtrekken	OM realiteit materialisme	OR begerigheid

Interessant is ook hoe sommige kinderen *op een symbolische manier de bladranden benutten.* Het is alsof ze de externe structuur van het blad benutten als een soort compensatie voor een dimensie die ze niet van binnenuit vorm kunnen geven. Meestal neemt dit zowel voor de huis-, de boom- als de menstekening de vorm aan van steun zoeken op een aanwezige bodem die zij zelf nog niet kunnen voorzien: dit wordt geuit door de tekening op de onderste bladrand te plaatsen. Bij een buste die op de onderste bladrand getekend wordt, is dit proces wat verdoezeld door de portretvorm maar dit is meestal niet zonder betekenis. Uitzonderlijk is dan weer dat de bladranden bij de menstekening gebruikt worden voor de omlijning van het aangezicht zoals we meemaakten in de therapie van Céline (10 jaar) (figuur C1). Zij deed dit in een schilderij op het moment dat een belangrijke stap naar individuatie aan de orde was die haar erg beangstigde, zelfs in die mate dat ze er niet meer in slaagde haar persoonlijke integriteit van binnenuit vorm te geven. Op andere momenten was Céline wel in staat om meer adequate menstekeningen te maken. We willen hier even uitweiden omtrent variaties en evoluties in dezelfde *dynamiek van steun zoeken in uitwendige structuren.* Tijdens de intake beperkte Céline zich bij het tekenen tot het natekenen en inkleuren van het watermerk van het tekenblad. Wat later zocht ze houvast in het eindeloos variëren en inkleuren van de letters van haar naam. Nog later zien we hoe ze op de bladrand een rigide opgedeeld en ingekleurd grasveld tekent als bodem voor een minuscuul boompje: het zoeken naar een veilige ondergrond is nog steeds beangstigend voor haar en moet goed onder controle blijven. Maar de angst is reeds meer gedifferentieerd en kan nu adequater gesymboliseerd worden.[37]

Bij het *afsnijden van tekeningen door een bladrand* heeft de gekozen bladrand een symbolische betekenis; dit is evenzeer het geval voor het deel van de tekening dat ontbreekt. Dit afsnijden verloopt verschillend bij verschillende tekeningen. Bij de *boomtekening* primeert de verticale dimensie. Bomen vertrekken vanuit een bodem en groeien uit in de hoogte. Ze worden wel eens afgesneden door de bovenste bladrand. Dit zou verwijzen naar opgeblazen verwachtingen, ambities of idealen die niet binnen de realiteit (van het blad) gehouden en uitgewerkt kunnen worden. Als kinderen dus commentaar geven als 'het kan niet op mijn blad', is het aangewezen om daar niet achteloos aan voorbij te gaan en dit louter te beschouwen als een gevolg van gebrekkige planning. Een boom die getekend wordt met een kroon die bovenaan afgeplat is en waar dan soms nog wolken boven worden getekend, kan dan weer te maken hebben met een andere dynamiek. Hier veronderstelt men dat de persoon onder druk van elementen in de realiteit staat, waardoor hij zichzelf onvoldoende kan realiseren (Koch, 1949). Bij de *huistekening* primeert meestal de horizontale of sociale dimensie. Hier zien we soms het aanleunen tegen de linker- of rechterbladrand. Soms zijn huizen ook afgesneden door een bladrand (Jolles, 1964; Royer, 1989). Deze kenmerken moeten onze aandacht trekken, ook al kunnen ze de compositorische sfeer van de tekening ten goede komen. Royer (1989) bespreekt een analoge dynamiek wanneer ramen aanleunend tegen muren of dak worden getekend. Zij interpreteert dit als een houding van zeer infantiele afhankelijkheid, geen eigen standpunt durven innemen uit angst de affectieve band met steunfiguren te verliezen.

We zouden aan deze ruimtesymboliek nog een dimensie willen toevoegen die meer met *compositie* te maken heeft. We denken hierbij aan het spel van wederzijdse verhoudingen binnen het geheel van de tekening. We willen hierbij oog hebben voor de opgebouwde spanning tussen verschillende delen van de tekening. Zeker voor de *familietekening* is dit van groot belang. We gaan dus na of er binnen de scène ook ruimtelijk spanning tot uiting gebracht wordt via afstand, scheidingslijnen, barrières (Furth, 1991), juxtaposities enzovoort. Sommige kinderen plaatsen de verschillende familieleden in vakjes als bij stripverhalen en benadrukken aldus hun nood aan een beveiligde afgrenzing tussen de verschillende personen.

Haag (1996, 1996) let vooral op het verloop van de structurering van de ruimte en gaat na of er een duidelijke scheiding is tussen de bodemlijn en de zone voor de lucht. Dan is er een open plaats voor het weergeven van scènes. Hier wordt het dan zinvol om na te gaan of er punten zijn waar deze scheiding ontbreekt, bijvoorbeeld een schouw die reikt tot aan de lucht.

37. Zie ook Meykens (1998).

5.7. De kleursymboliek

Deze komt minder aan de orde in onze uiteenzetting omdat wij ons vooral gericht hebben op de kindertekening in het kader van psychologisch onderzoek. Hierbij worden meestal uitdrukkelijk potloodtekeningen gevraagd met het oog op nauwkeurige observatiemogelijkheden van grafische aspecten. Maar ook gekleurde tekeningen en kinderschilderijen bieden via het element kleur een bijkomende invalshoek. Kleur verwijst dan naar meer onmiddellijke (tastbare) aspecten van de affectieve beleving. In de gekleurde tekening is de kleur nog enigszins secundair terwijl ze in het kinderschilderij nog sterker op de voorgrond komt te staan in een nadrukkelijk samenspel met de vormgeving. Boeiende voorbeelden vindt men bij Smis (1989).

Royer (1977, 1989, 1995) pleit voor het algemeen gebruik van kleurpotloden, ook voor diagnostisch onderzoek. Zij verwijst naar een schema van Buck om te beweren dat kleur te maken heeft met de diepste affectieve kern van de persoon die veel minder dan andere expressies vertekend is door allerlei verdedigingen. De verantwoorde wijze waarop zij de modaliteiten van kleurgebruik in de interpretatie van tekeningen betrekt, opent perspectieven om ook dat spoor meer te benutten. We geven daarom een kort overzicht van haar invalshoeken. Royer beschouwt zowel kleur als beweging als uitingen van de affectiviteit van het individu. Kleur evoceert dan de primaire affectieve reactiviteit, de spontane, fundamentele, fysiologische en zintuiglijke reactiviteit. Beweging verwijst meer naar secundaire affectieve reactiviteit, die geïnterioriseerd is, bezonnen, meer uitgewerkt en die waarschijnlijk chronologisch ook later komt. Men kan dus veronderstellen dat kleur opkomt in het domein van de pure onontgonnen emotie en dat de weergave van beweging ontstaat vanuit een zekere 'sensibiliteit' die verwijst naar een meer complex, meer geëvolueerd en meer gecontroleerd voelen. Net als in de Rorschach moeten beide ook bekeken worden in samenhang met hun realisatie in goed of minder goed gedifferentieerde vormen.

Kleuren worden onderverdeeld in warme, koude en neutrale kleuren en er wordt telkens ingegaan op zowel de positieve als de negatieve affectieve connotaties van bepaalde kleuren. Maar even belangrijk zijn voor Royer enkele andere invalshoeken:
- De weigering om kleur te gebruiken.
- De hoeveelheid gebruikte kleuren en de proportie van de tekening die gekleurd werd.
- Is het kleurgebruik realistisch of vooral affectief bepaald?
- Zijn er lacunes? Opvallende delen die niet gekleurd werden?
- Wordt de kleur lineair of in vlakken gebruikt? Komt de indeling in kleurvlakken overeen met structuuraspecten van de tekening?
- Worden er verschillende kleuren boven elkaar gebruikt? Werden de kleuren gedoezeld?

Vooral deze bijkomende invalshoeken kunnen een meer gedifferentieerde en geobjectiveerde interpretatie van het kleurgebruik mogelijk maken. Het lijkt ons daarom nuttig zeker één gekleurde tekening te laten maken. Wij geven hiervoor de voorkeur aan een vrije tekening of de tekening bij de Raven. Buck vraagt na de potloodversie van de HTP een nieuwe versie in kleur. Zoals eerder besproken geven wij voor de mens- en de boomtekening de voorkeur aan een andere contrasterende opdracht, maar voor de huistekening zouden we wel eens het dynamisch contrast tussen de potloodversie en de gekleurde versie willen nagaan. Vermoedelijk nemen gekleurde tekeningen echter heel wat meer tijd in beslag zodat keuzes vereist blijven om het bij een haalbare batterij van tekenopdrachten te houden. Maar misschien maakt die ruimere tijd en het heen en weer gaan tussen kleuren en vormgeven meer vrijzwevende aandacht mogelijk zodat minder bewuste lagen kunnen vrijkomen. Verder onderzoek kan dit misschien uitklaren.

6. De interpretatieve synthese

De stappen die we tot hiertoe hebben aangegeven voor de interpretatieve analyse van tekeningen, waren vooral gericht op het maximaal benutten van het picturaal beeldmateriaal dat vanuit verschillende invalshoeken werd bekeken. Dit stippelt echter geen strikt chronologische weg uit maar wijst eerder facetten aan die in een dialectisch proces aandacht dienen te krijgen. Hierbij moeten ook de gegevens geïntegreerd worden die via niet-picturale weg bekomen werden. We denken vooral aan observatiegegevens, spontane verbale commentaren bij de tekeningen en de aanvullende commentaren vanuit bevragingen.

Royer (1995) is de enige die ruim aandacht geeft aan de opbouw van een synthese en een bruikbaar pragmatisch gericht schema verschaft voor de stapsgewijze opbouw van de besluitvorming. Het materiaal waarmee gewerkt wordt, bestaat ook voor haar uit zowel de afgewerkte tekeningen als de gegevens uit observatie en navraag.

- Als eerste stap naar besluitvorming noemt zij de *'intuïtieve lezing'*.
- Dan volgt de *'normatieve lezing'*, die voor haar drie aspecten behelst. (1) De beoordeling van de *algemene maturiteit* gaat de spreiding van kenmerken na over een vijftal stadia, met elk een bereik van ongeveer drie jaar. (2) Voor de *seksuele integratie* wordt gekeken of er een overwicht is van mannelijke of vrouwelijke kenmerken. (3) Een inschatting van het *mentaal evenwicht* gebeurt door het aantal en de ernst van pathologische tekens na te gaan.
- Bij de *'analytische lezing'* worden volgende kenmerken gedetailleerd bekeken en geïnterpreteerd: bladspiegel en lijnverloop, inhoudelijke thema's, vormgevingsaspecten (als symmetrie, stereotypie, perspectief, goede of slechte vormgeving), beweging en kleur.

- De *'synthese'* vereist daarna allerhande confrontaties van gegevens om tot convergenties te komen. Eerst moet er een onderlinge confrontatie plaatshebben van de verschillende kenmerken van de tekeningen en hun interpretaties. Dan moeten de bevindingen geconfronteerd worden met de achtergrond van de stadia van de driftontwikkeling (oraal, anaal...). Verder moet er een onderlinge vergelijking komen van het gewicht van en het samenspel tussen de drie organisatoren, zijnde vorm, beweging en kleur. Tot slot moet er een confrontatie van de bevindingen uit de tekeningen plaatshebben met de gegevens uit de anamnese en het geheel van het psychologisch onderzoek.

Hoewel Royer in haar schema's gericht lijkt op een bijna statisch vastleggen en in kaart brengen van persoonlijkheidstrekken, blijkt uit de voorbeelden die ze geeft dat ze tegelijk ook blijft zoeken naar de levende 'alchemie' van de psyche (Roger, 1995). Het theoretisch kader dat zij daartoe hanteert, blijft echter wat vaag. Wel geeft haar analytische vorming duidelijk richting aan haar interpretaties. Ook neemt ze regelmatig de Rorschach als model. Maar precies bij het toewerken naar een synthese menen wij dat de bevindingen geconfronteerd of afgewogen moeten worden tegenover een *genuanceerd kader aangaande het functioneren van de persoonlijkheid.* We zullen proberen hierbij nog een stap verder te gaan dan Royer. Cluckers (1985) stelt dat het voor een belevingsgerichte diagnose nodig is zowel een ontwikkelingspsychologische als een psychodynamische interpretatiesleutel te hanteren. Het zijn precies de wegen naar een psychodynamische interpretatie die we verder willen expliciteren.

We hebben tot hiertoe een systematiek aangegeven die gevolgd kan worden om tot inventarisatie te komen van in het oog springende karakteristieken en dit vanuit verschillende invalshoeken. Daarbij hebben we ook gezocht naar aangrijpingspunten voor een psychodynamische vraagstelling die richtinggevend kan zijn bij deze inventarisatie. *Voor de interpretatieve synthese komt het erop aan de dynamische verbanden verder uit te klaren.* Samenvattend betekent dit dat we de adequaatheid en de differentiatie van de vormgeving en de expressie beoordelen (ontwikkelingssleutel) en dat we nagaan hoe met spanningen rond bepaalde thema's wordt omgegaan. We streven naar een gecombineerde evaluatie van inhoud, expressie en afweer en gaan na hoe dit alles tevens tot uiting komt in relaties (psychodynamische sleutel).[38]

We zetten onze belangrijkste toegangswegen nog eens op een rijtje om tot dergelijke gecombineerde interpretatie en vraagstelling te komen. Daartoe overlopen we enkele stappen van de hermeneutische benadering die we wensen te hanteren tijdens het diagnostisch proces. Hierbij staat het zoeken naar convergentie vanuit verschillende invalshoeken centraal.

38. Zie ook II.3. en Cluckers (1985).

- *Vergelijking* is een belangrijk uitgangspunt. Dit betreft zowel de vergelijking van verschillende tekeningen onderling als de vergelijking van verschillende details en aspecten binnen dezelfde tekening. Zo kan men bekijken welke tekening of welk onderdeel ervan het meest onaangenaam beladen is, wat het meest evenwichtig, aangenaam, beangstigend... overkomt. We letten op typische afwijkingen ten aanzien van het verwachte niveau van uitwerking en noteren hoe algemeen of sporadisch die voorkomen.
- Verder is het *'wegen'* van de verschillende dimensies en kenmerken van belang: in welke hiërarchie staan ze tegenover elkaar, aan welke dimensie van een tekening wordt het meest belang gehecht? We zoeken naar *convergentie van betekenislijnen.* Tekens die in verschillende tekeningen terugkomen, zijn zeker van belang. Ook tekens die vanuit de verschillende invalshoeken (observatie, expressie, symbolen) terugkeren en in dezelfde richting wijzen. Sommige expressieve aspecten kunnen de betekenis van inhoudelijke symbolen accentueren: beschaduwen en uitgommen kunnen verwijzingen zijn naar één of andere problematische beleving. Een teken dat minder frequent terugkeert, kan, door beklemtoning via andere kanalen, toch centraal komen te staan bij de eindinterpretatie. Dit geldt ook voor tekens die wijzen op een ernstige afwijking van wat normaliter verwacht kan worden. Ook Royer (1995) wijst erop dat het voorkomen van één pathologisch teken de doorslag kan geven in de uiteindelijke beeldvorming. Wij denken hier bijvoorbeeld aan het voorkomen van bizarre beelden, een zeer zware terugval van niveau, het constant op laag niveau functioneren, het teloorgaan van de lichamelijke integriteit, de weigering om mensen te tekenen. Dergelijke signalen moeten in ieder geval ernstig genomen en nauwgezet geëvalueerd worden tegen de achtergrond van het geheel van het onderzoek.
- Wanneer een *centraal thema* kan worden vastgelegd, kunnen andere thema's in functie hiervan besproken worden. Aspecten die op het eerste gezicht weinig terzake doen, moeten ook niet te vlug als irrelevant terzijde geschoven worden. Ze kunnen immers betekenis hebben in het verlengde van de centrale dynamiek, hetzij als gevaar hetzij als een element van positieve prognose.
- Belangrijk in het omgaan met tekeningen is te leren de *tegenstrijdigheden* die zich voordoen op te merken en te benutten als een invalshoek die verwijst naar mogelijke tegenstrijdigheden, problemen of afweermechanismen in de persoon zelf. Vaak is men geneigd zich te laten afschrikken door tegenstrijdigheden en deze te aanzien als een bewijs dat men met tekeningen alle kanten uitkan en dat ze bijgevolg niet betrouwbaar zijn. De *meerduidigheid van symbolen* vormt hier een specifiek probleem. Maar het inzichtelijk maken van het complexe samengaan van verschillende betekenislijnen in één enkele tekening (gelaagdheid) kan precies de weg openen voor de formulering van een mogelijke *kerndynamiek.*
- Om te komen tot *grotere betekenislijnen of patronen* moet er een soort dialoog totstandkomen tussen de inventarisatie van losse maar betekenisvolle

elementen en het vage beeld dat we onderweg steeds verder trachten te preciseren. We volgen hierbij een *hermeneutische benadering*. Uit een bevragend heen en weer bewegen tussen expressieve indrukken, materiaal en hypothesen moet in het complexe samenspel van verschillende niveaus, als in een creatieve act die tegenstellingen overstijgt, een samenvloeien van lijnen ontstaan die een synthetische en dynamische duiding van het materiaal mogelijk maakt. Vanuit deze synthese kunnen zich dan nieuwe vragen en hypothesen opdringen van waaruit ook de rest van het diagnostisch materiaal bekeken kan worden.

- We hechten veel belang aan een genuanceerde *inschatting van de fluctuaties in het relationeel niveau*. Dit kan aanduidingen verschaffen om een verder hulpaanbod zorgvuldig af te stemmen. De diagnose die we beogen, is immers niet enkel gericht op het vinden van betekenissen. Wij streven naar een *therapiegerichte diagnostiek* waarin aansluitend bij betekenissen en rekening houdend met afweerreacties gezocht wordt naar een relationele context die als hefboom voor een meer optimale ontwikkeling kan fungeren. De uiteindelijke beeldvorming vereist dat de individuele sterkte en zwakte van het kind en de relationele mogelijkheden die daarbij aansluiten, ook geëvalueerd worden tegenover de achtergrond van de reële gezinscontext.
- De eerste normatieve bevindingen (ontwikkelingssleutel) moeten ook verder verfijnd worden zodat men bijvoorbeeld meer zicht krijgt op omstandigheden die een terugval naar een lager niveau van functioneren meebrengen. Maar ook het algemeen niveau van functioneren en organiseren moet in kaart gebracht worden en dit zowel in samenhang met de thema's die aan de orde zijn als in samenhang met het relationele aanbod en de relationele openheid op een bepaald moment. De gevonden betekenislijnen en spanningen zullen daarna opnieuw geëvalueerd moeten worden in functie van de verwachte ontwikkeling op een bepaalde leeftijd. We moeten nagaan of de ontwikkeling al dan niet gezond verloopt, waar zich afwijkingen of regressies voordoen. Hier dringt zich een confrontatie van de gegevens op met *theoretische kaders* die als achtergrond fungeren voor de interpretaties.

Samenvattend kunnen we zeggen dat we de gevonden deelinterpretaties zullen proberen te ordenen en te integreren volgens de drie gekozen invalshoeken voor de door ons beoogde *procesdiagnose*. Onze uitgangsvragen waren de volgende:

- Wat is het *centrale thema* of de centrale bekommernis? Zijn de thema's voldoende gevarieerd en leeftijdsadequaat? Wat is het overwegende zelfgevoel of zelfconcept?
- Wat is de karakteristieke *manier om ermee om te gaan*? Hoe zien we dit tijdens het totstandkomen van de tekening? Hoe herhaalt zich dat in het verloop van de associaties? Hoe komen deze hanteringswijzen, 'bevroren' en vastgelegd, in de beperkingen of eigenaardigheden van de voltooide tekening tot uiting?

- In welke mate en op welke manier kunnen deze thema's aan bod komen in *relaties*? Of wat deelt het kind via zijn tekeningen mee over zijn relationele manier van in de wereld staan? Geeft het aanwijzingen omtrent sporen voor betere toegankelijkheid en communicatie? Zijn sommige van de voorgestelde relatiepatronen ook overdrachtelijk aan de orde in de hier-en-nu-relatie met de onderzoeker? Het inschatten van de aard en de ernst van problematische relatiepatronen is een belangrijke peiler voor verdere indicatiestelling.

Uiteraard is het onvermijdelijk dat eigen voorafgaande ervaring en klinische kennis van de onderzoeker mee bepalend zijn voor de keuze van invalshoeken en ook bijdragen tot de context voor interpretatie. Nuances of grotere verschillen in het theoretische kader zullen dus aanleiding geven tot andere klemtonen bij de interpretatie. Belangrijk is echter dat verschillende toegangswegen toch elk een sleutel kunnen bieden voor mogelijke betekenissen. We brengen hierbij in herinnering dat heel wat dimensies van de persoon een rol spelen bij het tekenen. Dit betekent echter niet dat men er zomaar wat op los mag interpreteren. Elk zal vanuit de eigen invalshoek tot een gefundeerde en kritische toetsing moeten overgaan en uit de stroom van hypothesen slechts deze weerhouden waarvoor voldoende convergentie van elementen aangetoond kan worden.

Deel III

Illustraties van het gebruik van tekeningen in belevingsonderzoek[1]

Vooraf willen we nog enkele aspecten van voorbehoud formuleren. Steeds moet men de relatieve plaats van tekeningen in het oog houden ten aanzien van het totaalproces van de diagnose en de toetsing van hypothesen. Tekeningen zijn slechts een onderdeel van het ruimere belevingsonderzoek dat op zijn beurt ingebed is in en betekenis krijgt tegen de achtergrond van de gezinscontext van waaruit de hulpvraag geformuleerd werd. Met het thema 'tekeningen' lichten we slechts één dimensie toe uit een meer omvattend proces waarbij de persoon verschillende sporen ter beschikking heeft om facetten van zijn beleven tot expressie te brengen en te symboliseren. Bovendien laten niet alle tekeningen van kinderen zeer gedifferentieerde interpretaties toe. Het gewicht dat men kan toekennen aan de interpretatie van tekeningen heeft immers ook te maken met het affectief engagement waarvan het kind blijk geeft tijdens het tekenen. Sommige kinderen hebben meer affiniteit met andere expressievormen en komen tot meer significante reacties in hun projectieve verhalen of in hun spel. Voor sommige kinderen kunnen de tekeningen dus slechts een zeer beperkte bijdrage leveren tot het diagnoseproces.

Onze voornaamste bedoeling bij het bespreken van concrete tekeningen is enkele illustraties te bieden betreffende de manier waarop een procesdiagnose zich kan ontvouwen en hoe deze zich kan toespitsen op één enkele tekening of op een combinatie van tekeningen. Wij zullen ons hierbij richten op tekeningen die verzameld werden in het kader van individueel diagnostisch onderzoek bij kinderen met emotionele moeilijkheden. Uiteraard kan onze aanpak niet begrepen worden als 'de weg' die gevolgd moet worden bij de besproken tekeningen.[2]

1. De tekeningen van Johan, Paul en Günther kwamen tot stand tijdens individueel belevingsonderzoek door medewerkers van het Centrum voor Kinderpsychotherapie van de K.U.Leuven. De tekeningen van Rudy en Tom werden ons bezorgd door deelnemers aan de postgraduaatopleiding in de psychodynamische kindertherapie aldaar.

2. Voor meer systematische illustraties van het ontwikkelingsverloop van diverse tekeningen verwijzen we naar de bestaande en overzichtelijke werken van Osterrieth en Cambier (1976) voor de menstekening, Musschoot en Demeyer (1974) voor de boomtekening en Royer (1977, 1989) voor de menstekening en de huistekening.

In de voorbeelden zoeken we niet naar 'betekenis' in de louter logische zin van het woord. Vooral de tekeningen van jonge kinderen bevatten immers heel wat magische en fantasmatische aspecten die vaak vooral een sfeer oproepen.[3] Beeldvorming en denken verlopen dan nog langs allerhande concretiseringen die betekenis meer voelbaar aanwezig stellen dan objectief te achterhalen. Ook op latere leeftijd kunnen we nog sporen van dergelijke concretiseringen terugvinden. Immers, wanneer ingrijpende existentiële thema's aan de orde zijn, gebeurt het dat de conflictueuze verstrengeling een uitweg zoekt langs minder logisch verlopende denkprocessen, die precies dan blijken tekort te schieten. Dit niveau van zingeving is in tekeningen slechts gedeeltelijk logisch te achterhalen en blijft vaak moeilijk grijpbaar, als een edelsteen die telkens anders wordt naargelang het facet waarlangs hij bekeken wordt. Soms zien we in tekeningen een gecondenseerde manier om toch iets van die paradox van veelzijdigheid en ongrijpbaarheid uit te beelden. De essentie ervan kan dan niet zomaar worden vastgelegd in woorden maar dient in een rijkdom van nuances benaderd te worden. In een therapeutisch proces kan men dan misschien hierbij proberen aan te sluiten om de weg weer vrij te maken naar een beter niveau van mentalisatie zodat de mogelijkheid tot bewuste reflectie gaandeweg opgebouwd of hersteld kan worden.

In wat volgt willen we verschillende niveaus van symbolisatie in tekeningen tot hun recht proberen te laten komen. Waar dit aangewezen lijkt, zullen we aansluiten bij of vertrekken van het empathisch ondergaan van een tekening of aspecten ervan maar tegelijkertijd zullen we op grond van een doorgedreven analyse streven naar een samenhangende weergave van de centrale persoonlijkheidsdynamiek.

We houden eraan om zoveel mogelijk de observaties en de eigen commentaar van het kind te betrekken in onze verwerking. Daarnaast zullen we bij de analyse een aantal denkpistes aangeven die voor een goed deel een soort innerlijke monoloog expliciteren, verder bouwend op associaties, gevoelens en mogelijke symbolische betekenissen. Waar mogelijk zullen we convergerende gegevens groeperen en gedeeltelijke hypothesen formuleren vooraleer een samenvattende beeldvorming omtrent procesaspecten voor te stellen. Deze formuleringen zullen nog verder geconfronteerd moeten worden met de rest van het diagnostisch materiaal en de beschikbare achtergrondinformatie. Ook daarna blijft het beeld dat wij ons gevormd hebben, slechts een kader dat houvast kan bieden bij het plannen en afwegen van verdere interventies en indicaties. Zelfs overtuigende interpretaties zijn in contact met ouders of kind niet uit zichzelf helpend maar moeten goed gedoseerd worden en rekening houden met actuele weerstanden en relatie-aspecten.

3. Bacherich en Granoff (1991) bespreken (in een discussie waarin ze de typische manier van omgaan met kindertekeningen door F. Dolto proberen te omschrijven en te situeren) hoe jonge kinderen betekenis op een evocerende manier 'openbaren'.

1. Een basisbatterij van tekeningen: JOHAN, 9 jaar (J1, J2, J3, J4, J5, J6, J7)

We hebben een voorbeeld gekozen met een zekere rijkdom aan significante kenmerken. Johan is een jongen die duidelijk kan gebruikmaken van grafische expressie en die deze ook op een verschillende manier kan hanteren naargelang de thema's die aan de orde zijn. De tekeningen worden besproken in de volgorde waarin ze gemaakt werden.

Johan wordt aangemeld omwille van schoolproblemen. Men stelt zich de vraag of zijn schrijfmotoriek en spelling tekortschieten omwille van emotionele problemen. Hij wordt veel geplaagd op de speelplaats en hij zou zich dan niet kunnen verdedigen. Er zijn meermaals woede-uitbarstingen en soms wordt hij ook plots overspoeld door onbegrijpbare depressieve stemmingen.

1.1. Tekening 1: de huistekening (J1)

❑ Observaties en verbale commentaar

J is rechtshandig, heeft een normale potloodgreep, houdt met de linkerhand het blad tegen. Hij begint schetsend te tekenen in plaats van met vaste lijnen. Het blad verdraait hij voortdurend van positie. Terwijl hij tekent, fluistert hij wat in zichzelf, slechts af en toe verstaanbaar. Hij begint met de linkermuur, tekent het dak en de verdere omtrek. Dan de deur, het gras en een raam. Hij kijkt ondertussen af en toe naar de onderzoeker (O). Tekent een dakraam, fluistert: *is niet juist*, hij gomt en hertekent. Ieder onderdeel dat af is, wordt nog eens nauwkeurig nagekeken. Hij kijkt en meet (met de vingers) de verhouding na tussen raam en deur. Hij tekent vier ramen in de zijgevel; is niet tevreden: *beter die weglaten, anders zijn het er te veel*, gomt de twee onderste ramen uit.

O: Heeft er ooit iemand iets stuk gemaakt aan dat huis?
J lacht: *dat kan, maar dan is het toch terug opgemaakt. Eigenlijk kan het niet, 't is pas getekend, tenzij het zou zijn verfrommeld.*
O: Wat heeft dat huis het meeste nodig?
J klemt het potlood tussen zijn lippen, herhaalt zachtjes de vraag van O, vindt het moeilijk, dan: *Nee, het huis heeft niets speciaals nodig.*

❑ Analyse

Zijn houding en commentaren tijdens het tekenen (blad voortdurend draaien) verwijzen naar innerlijke onrust en neiging tot mistevredenheid. J is ook onzeker en erg begaan met het goed willen doen van wat van hem verwacht wordt.

Zijn huis ziet er bij de eerste aanblik gewoon en vrij onopvallend uit, aanvaardbaar voor zijn leeftijdscategorie. Slechts bij nader toezien worden enkele karakteristieken duidelijker die toch een eigen dynamiek laten doorschemeren.

1. Zwakker omtrek huis
2. Grote ramen
3. Gras voor deur
4. Afwezigheid ramen beneden
5. Dubbel omkaderde ramen
6. Vorm v. d. gras
7. Ramen i.h. dak
1
2
3
4
5
6
7

Tekening J1

Het niveau van perspectief is eerder zwak voor zijn leeftijd. De tekening is nogal groot en nabij getekend en is te veel naar de onderkant van het blad getekend. Het enige omgevingselement dat hij aangeeft, is gras, wat door Royer (1989) besproken wordt als een nabij element. We vragen ons af of deze kenmerken aangeven dat Johan wat weinig afstand kan nemen om de eigen situatie te overzien en daarbij nog een grote nood aan veiligheid blijft hebben.

De omtrek van het huis is zwakker getekend dan de details erbinnen. Is er angst om zich te affirmeren en een neiging om liever fusie met de omgeving in stand te houden? De muren zijn wat afgerond in plaats van stevig rechtop getekend. De linkermuur waarmee hij begint, is overtekend maar blijft zwak van lijn. Ook hier denken we aan een aarzeling om met overtuiging een autonome plaats in te nemen (vooral ten overstaan van zijn moeder?).

Het aantal en de afmetingen van de ramen laten een vrij uitgesproken contactnood vermoeden. De deur is wat groot, nogal afgerond en gedetailleerd; ze bevindt zich op de zijgevel en vóór de deur loopt stekelig gras gewoon door. De toegankelijkheid van dit huis ziet er niet zo vanzelfsprekend uit en mogelijk is er sprake van enige vijandigheid vanwege de omgeving (gras). Het wegvegen van de ramen op de benedenverdieping reduceert de contactmogelijkheden: slechts de meer afstandelijke ramen van de bovenverdieping blijven over. Misschien verwijzen de twee weggeveegde ramen van de voorgevel naar personen (de ouders of de twee kinderen?) en hebben we hier te maken met een individuele symbolische betekenis. Zou het moeilijk zijn om met ouders en kinderen tezamen zeker te zijn van een vaste plaats? Het dubbel omkaderen van alle ramen trekt de aandacht en is ongewoon. Dit zou de dikte en stevigheid van de omtrek kunnen benadrukken, als een vorm van beveiligen van het contact. Volgens Royer (1989) zou het echter bedoeld kunnen zijn om een onderscheid aan te geven tussen de omlijsting en de vensterruit. In dit geval zou de doorzichtigheid beklemtoond kunnen zijn, als uiting van een nadrukkelijke wens om te zien en te weten. Opvallend en ongewoon is verder hoe het gras dat stekelig vertrok aan de linkerkant, aan de voorgevel overgaat in een soort basaal levensritme; het lijkt wel een grafiek van één of andere vitale levensfunctie. Zowel het vitale gras als de gordijnen laten een zekere levende intimiteit vermoeden aan deze zijde van het huis. Het is verder opvallend hoe het gras nog even verder loopt voorbij de rechterzijmuur van het huis. Deze muur steunt echter niet op het gras. Samen met de antenne vormt dit stukje gras een reële overgang naar de buitenwereld.

Het dak is vrij normaal getekend met een poging tot perspectief en overhangende boorden. We denken aan een goede intelligentie. De ramen in het dak zouden kunnen wijzen op een poging om de dingen wat uit de hoogte te bekijken. De onderbouw voor de antenne op het dak is onduidelijk en laat de vraag open of hij al dan niet een schouw heeft willen tekenen? Als een schouw bedoeld werd, is deze te laag en zou dit een remming van de spontane affectiviteit en gevoelens van onmacht kunnen weerspiegelen.

Tekening J2

❑ Dynamiek

De tegenstelling in de uitwerking van de twee gevels trekt onze aandacht: de voorgevel lijkt tegelijk intiemer (gordijntjes), gereserveerder (het uitgommen van twee ramen) en ambivalenter (gommen). Het gras heeft aan die zijde een harmonisch ritme. Wijst dit op een zoekende maar bevredigende afstemming op de omgeving? De directe toegankelijkheid (deur) schijnt afgeleid naar de zijgevel en maakt deel uit van een meer infantiel uitgewerkt geheel (de zijgevel is getekend als een gezicht). Is er misschien slechts echte toegankelijkheid op een meer infantiel niveau? Maar in dat geval roept het stekelige gras toch een ambivalente sfeer op. Wijst de tegenstrijdigheid van de gevels ook op tegenstrijdigheid die hij bij zichzelf ervaart en is hij ontevreden met die situatie? De manier waarop hij met het vormgeven en plaatsen van de ramen omgaat, verschaft misschien enige aanwijzingen. Er zijn meerdere signalen van spanning rond het tekenen van de ramen: onzekerheid over het aantal, weggommen, zorgvuldig afmeten en dubbel omkaderen. We stellen ons de vraag of zijn oedipale of andere nieuwsgierigheid onbevredigd blijft, terwijl dit voor hem een vitaal thema is (levendiger voorgevel gecombineerd met signalen van spanning). Wordt hij te veel vastgehouden in infantiele relatiepatronen?

Verder houden we de nood aan een betere afgrenzing tegenover de moeder en de ontbrekende kracht daartoe eveneens vast als hypothese. Maar vanwaar de angst en de onzekerheid om zich te affirmeren (muren, schouw)? Is er daartoe te veel onveiligheid en ambivalentie in de omgeving (stekelig gras, uitgeveegde ramen)? Waarom durft hij het tijdens de bevraging niet aan om enig tekort of enige nood vanwege het huis onder ogen te zien? Wat weert hij af wanneer hij tijdens de bevraging plots uit de metafoor stapt en verwijst naar de reële tekening? Is een levendige voorstelling van een reëel tekort te bedreigend?

Het meten bij het tekenen van de ramen laat nog een andere vorm van afweer vermoeden. Hier grijpt hij naar een intellectuele en kritische benadering om de ramen zo aanvaardbaar mogelijk in te passen. Voor de zijgevel kan hij zo zijn probleem oplossen; in de andere gevel veegt hij twee ramen resoluut weg zonder een andere oplossing te overwegen.

In dit stadium kunnen we nog niet verder gaan dan het formuleren van enkele eerste hypothesen die verder met de rest van het materiaal geconfronteerd zullen moeten worden.

1.2. Tekeningen 2 en 3: de boomtekeningen (J2 en J3)

❑ Observaties en commentaar

J2

J vraagt meteen: *en dan een kind?* Hij heeft dit al eens gedaan in het PMS en op school. Hij begint met een schuine stam: *oei, scheef.* O zegt dat er allerhan-

Tekening J3

de bomen zijn. J zal zijn blad maar omdraaien, want het klopt niet. Omwille van de sterke druk zien we deze eerste poging nog doorheen het blad. Nu tekent hij de stam, de takken rechts, gomt de bladeren weer weg, draait zijn blad ondersteboven voor het tekenen van de middelste takken, dan de takken links. Hij maakt een verbindingslijn over alle takken heen, gomt ze weer uit. Hij tekent dan een kruin over de takken en een lage zijtak met bladeren, op de stam. Op de vragen van O antwoordt hij dat het een appelboom is uit een boomgaard, van 10 jaar oud.

O: Leeft die boom nog?
J: *Een boom die bladeren heeft, kan niet dood zijn.*
O: Of zijn er stukken van de boom die al zijn doodgegaan?
J: *Het kan zijn dat er al een dood stukje aanhangt.* O vraagt het te tonen.
J: *Hier is dat eigenlijk niet zo.*
O: Heeft er ooit iemand iets kapot gedaan aan die boom?
J: potlood in de mond: *Nee.*
O: Wat heeft hij het meest nodig?
J: *Water.*

J3 Een droomboom of een wensboom
J: *Dat zijn meestal mooie bomen*
Lacht en begint meteen te tekenen: stam, takken rechts, midden en links. Dan begint hij van rechts naar links bladeren te tekenen; hij werkt geconcentreerd maar traag.

Het blad papier verandert steeds van positie. In antwoord op de vragen zegt hij dat het een bloemenboom is van 10 jaar oud; J weet niet waar hij staat. Hij is niet dood of stuk. Op de vraag wat deze boom het meest nodig heeft, aarzelt J maar geeft geen antwoord.

❑ Analyse

De spontane indruk van de eerste boom wekt een onaangename sfeer: gedwarsboomd worden? Besluiteloosheid? De tweede boom is aantrekkelijker.

Beide bomen getuigen van creatieve mogelijkheden tot zelfrealisatie; vooral vanuit de wensboom vermoeden we dat J over meer dan gemiddelde mogelijkheden beschikt.

Beide bomen zijn eerder naar links van het blad geplaatst en hellen naar rechts. Beide worden ze op de onderste helft van het blad getekend; de linkerkant van de eerste boom raakt de onderste bladrand. In verhouding tot zijn leeftijd zijn het vrij goed uitgebouwde bomen. Een tekening op de bladrand wordt nog aanvaard op zijn leeftijd, maar is niet in overeenstemming met het niveau van differentiatie van zijn tekening. De plaatsing links zou volgens Royer (1995) te maken kunnen hebben met gehechtheid aan de moeder en zelfingenomenheid. Ook denkt ze daarbij aan een neiging om primair, emotioneel en impulsief te reageren.

De eerste boom kwam in twee pogingen tot stand. De boom die hij uiteindelijk afwerkt nadat hij zijn blad heeft omgedraaid, helt minder naar rechts dan bij de eerste poging. Bij een helling naar rechts veronderstelt men een krachtig en gedreven zich losmaken en zich compensatorisch en actief op de toekomst richten. Johan lijkt deze neiging of vlucht naar rechts dus enigszins te corrigeren. Toch blijft ook zijn definitieve boom duidelijk op de linkerkant gesitueerd, alsof hij in die zone wordt vastgehouden. De neiging naar rechts is gereduceerd, vertrekt niet meer vanaf de basis maar komt wel sterk tot uiting in de kroon waar de uitbouw van de takken aan de linkerkant nadrukkelijk vermeden wordt. De takken blijven ook 'open' takken die als het ware hun doel nog niet echt gevonden hebben. De enkele takken die naar beneden gericht zijn, zouden kunnen wijzen op de aanwezigheid van depressieve gevoelens, maar de meerderheid ontwikkelt toch naar boven. Hoewel uitgegomd geeft de overkoepelende dwarslijn toch de grens van de huidige groei aan. Door de omhullende kroon ontstaat een lege, nog onbestemde ruimte in de kroon die toch enig perspectief laat voor verdere uitgroei. Twee takken kruisen elkaar. Dit laat een conflict veronderstellen: hier is het blijkbaar een twijfel tussen een streving naar rechts of naar links, tussen vasthangen aan het verleden of zich richten op de toekomst of tussen gebonden blijven aan moeder of een weg vinden voor identificatie met vader. De lage tak op de stam zou kunnen wijzen op een eerdere, weinig bevredigende poging om zich op een actieve wijze naar vader en de toekomst te oriënteren.

Het lijnverloop ten slotte laat een dysfore indruk door het vele gommen en overtekenen. De linkerzijde van de stam wordt verscheidene keren overtekend alsof hij aarzelend zoekt naar een duidelijke grens: met het verleden of met moeder? De centrale gevorkte tak naar boven krijgt het meest nadruk alsof hij krachtig in die richting wil ontwikkelen.

De tweede boom stemt hoopvol. Hij is meer naar het midden verplaatst en krijgt vooral een meer evenwichtige uitbouw van de takken. Wel blijft het opvallen dat J eerst de rechterkant afwerkt en pas daarna de voor hem moeilijke linkerkant. De groei van de takken wordt niet meer ingeperkt door een inkapselende omhulling. Opnieuw krijgen we een duidelijke centrale naar boven gerichte uitbouw. Toch blijven er ook hier nog probleemtekens aan de linkerzijde van de boom: open en afgeknotte takken, een duidelijk naar beneden gerichte min of meer kruisende tak en ook bloemen en bladeren die naar beneden gericht zijn. In deze boom bereiken meerdere takken een doel maar vanwege de nadruk op bloemen lijkt dit doel nogal in de vrouwelijke sfeer te liggen. Het verloop van de lijnen is evenwichtiger maar de omlijning van de stam wordt ook hier nog overtekend, zonder bij te dragen tot een betere afgrenzing. Zich afgrenzen en affirmeren blijft onzeker verlopen.

De euforische reactie bij de opdracht vinden we ook terug in de boom zelf. Maar wanneer Johan in de navraag niet blijkt te weten waar die boom zou kunnen staan, belanden we ook hier opnieuw in een sfeer van onbereikbaarheid. Het openbloeien bij de opdracht een droomboom te tekenen zou dus een neiging tot compensatie in de fantasie kunnen uitdrukken. Deze neiging is zeker niet buitensporig (plaats en structuur van de boom).

Het vermijden van depressieve thema's is tijdens de bevraging minder uitgesproken dan bij de huistekening. In de tekeningen zelf vinden depressieve elementen (naar beneden gerichte takken en bloemen) wel hun plaats maar ze domineren het beeld niet.

❑ Dynamiek

De boomtekeningen werpen meer licht op de eigen ambivalentie van Johan. We zien hier meerdere conflicttekens (plaatsing links en gerichtheid van stam en takken naar rechts, kruisende takken, gommen). De zelfaffirmatie blijft aarzelend: de lijnen worden ook hier overtekend. Maar beide bomen zijn met krachtiger lijnen getekend dan de huistekening. Johan blijkt wel degelijk over goede mogelijkheden te beschikken om met overtuiging een eigen plaats in te nemen. Maar de keuze van plaats en richting laten hem blijkbaar twijfelen. Misschien toont de eerste boom dat hij zoveel energie nodig heeft om zich los te maken dat de groei naar boven ingeperkt blijft. Onbevredigde nood in de relatie tot zijn moeder (open takken naar links) maakt het voor hem niet makkelijker.

Wat met de uitgegomde dwarslijn in de kroon van de eerste boom? Voelt hij zich wat bekneld door de omgeving? Wat met de vrouwelijke elementen in de wensboom? Krijgt Johan pas meer ruimte als hij zijn mannelijkheid enigszins verloochent of verbergt?

Depressie en verdriet kunnen moeilijk een plaats krijgen op bewust vlak (bevraging) maar zijn wel duidelijk aanwezig in het beeld, doch zonder te domineren. In vergelijking met de huistekening zien we dat Johan hier een krachtiger reactie van zich losmaken toont (gerichtheid naar rechts). Hij voelt beperkingen en tekort en schijnt zich in te spannen om krachtig zijn eigen weg te gaan (centrale naar boven gerichte tak). Een te sterke compensatorische vluchtreactie wordt afgeremd (correctie van te sterke helling) en in de droomboom kan hij zijn verlangen naar een evenwichtiger uitbouw vorm geven, met erkenning en spijt om de tekorten (gerichtheid naar beneden) terwijl toch het verlangen (open tak) wordt opengehouden. De moeilijkheid blijft maar hij put meer kracht uit zichzelf en zoekt ook naar een bodem. Een model voor de oplossing van zijn ambivalentie draagt hij onbewust reeds in zich mee. Het is alsof hij onbewust een beeld blijkt te hebben van een betere integratie die mogelijk zou zijn als hij zijn verlangen (naar links) niet zou ontkennen maar met spijt de haalbare en beperkte bevrediging zou accepteren. De kracht kan dan gebruikt worden voor de realisatie van eigen doelen en wordt minder opgeslorpt in het moeilijke losmakingsproces.

Tekening J4

1.3. Tekeningen 4 en 5: de menstekeningen (J4 en J5)

❑ Observatie en commentaar

J4

Hij begint met de rok; dan linkerbeen met schoen, idem rechts (gommen), romp, armen, handen (gommen), schouders, hoofdomtrek, haren, ogen, neus, mond, bloes met halsafboording, ceintuur. Op de bevraging antwoordt hij dat het een meisje is van 19 jaar. Ze denkt nergens aan; ze voelt zich blij; ze is al eens gevallen of van de fiets gestampt, weet niet waarom.

J5

Begint met de broek, benen, voeten. Heeft veel oog voor details aan schoenen. Twee ronde cirkels in de benen (knie?) worden uitgegomd. Romp, armen, hoofd, haren. Gomt hoofd uit. Vult gezicht in. Rechterarm (gommen) en hand; idem links (gommen).
O: Je krijgt het precies niet helemaal zoals je het wilt?
J: *Nee, het haar ook niet, maar ik zal het er maar bij laten, te veel gommen is ook niet mooi.*
Op de bevraging antwoordt hij dat het een jongen is van 8 jaar; denkt nergens aan; doet wel iets: hij wil lopen met zijn opa die hij lang niet meer gezien heeft en hij komt aan op een feest. Hij voelt zich goed en blij.
O: Pijn gedaan?
J: *Ja, niemand wordt 8 jaar zonder pijn. Ze hebben hem gestampt of zo, om ruzie* (?) *de jongens of meisjes van de klas.*

❑ Analyse

Beide menstekeningen begint hij met de onderzijde van de romp (de rok en de broek) en hij gaat vervolgens verder met de benen en de voeten. De meeste kinderen beginnen hun tekening bij het hoofd. Het lijkt erop of Johan zich eerst wil verzekeren dat aan de onderzijde van de romp alles op zijn plaats is en blijft. Dat hij verder gaat met de benen en de voeten toont zijn nood aan autonomie en veiligheid. De schoenen worden gedetailleerd getekend, wat zou kunnen wijzen op nieuwsgierigheid en bekommernis rond mannelijke seksualiteit (Urban, 1963) of nood aan controle over verlangens naar onafhankelijkheid (Royer, 1995). De riem is ook telkens duidelijk aangegeven. Deze geeft de scheiding aan tussen de bovenste en onderste helft van de romp en wordt gezien als een teken van controle over de seksuele zone. Fallische thema's blijken hem dus bezig te houden en bezorgen hem een gevoel van onveiligheid.

Het is opvallend dat Johan die een jongen is, *eerst een meisje* tekent. Het meisje dat hij tekent, is op de grens tussen meisje en vrouw. Hij geeft ze de leeftijd van 19 jaar. Abraham (1979) denkt dat het een belangrijk signaal is van ontoereikende individuatie als kinderen voor hun eerste menstekening een tekening maken van een volwassene. Dit zou erop kunnen wijzen dat verdere

Tekening J5

individuatie stopgezet of teruggeschroefd wordt om een depressief conflict te vermijden. Maar in de concrete uitwerking van de tekening ligt de klemtoon niet op uiterlijke kenmerken van een volwassene, integendeel (vlechten). Wanneer de andere sekse eerst getekend wordt, kunnen we ons ook vragen stellen omtrent de seksuele identificatie. Misschien toont deze tekening een samenvloeien van de voorstelling van de moeder en zijn zus van een paar jaar ouder. Het meest voor de hand liggend lijkt hier de hypothese dat hij moeder als dominant of wat overweldigend ervaart (groter getekend dan de jongen) en zich nog sterk afhankelijk voelt van haar.

Deze meisjestekening maakt vooral een *ambivalente indruk*. Er zijn meerdere conflicttekens die in een mengeling van niveaus tot uiting komen. Vooreerst lijkt de contactsfeer wat verstoord. De scheve mond wekt de indruk van een grimas, mede door de scheve neus en de wat indringende blik. Het hoofd werd blijkbaar vergroot tijdens het tekenen; in de mond is er een tong aangegeven (erg ongewoon). De brede, wat geblokte stand van de benen en de grote, benadrukte voeten kunnen verwijzen naar zich schrap stellen, een nood aan stabiliteit, ontkennen van onveiligheid. Dit roept een analogie op met de compensatorische neigingen in de boomtekening. De erg smalle en asymmetrische armen roepen associaties op van machteloosheid. De uitwerking van fallische aspecten trekt onze aandacht. Hoewel hij begon met de rok, is de onderzijde van de rok met een zeer zwakke lijn getekend. Verder treedt er transparantie op rond de schouders en de bovenromp: het geeft de indruk dat de borstzone goed ingepakt moet blijven. De zwaardere lijnen wijzen eveneens op een zekere beladenheid van die zone. Voelt hij zich vooral ambivalent tegenover het volwassen vrouwelijke in zijn moeder?

De tekening van de *jongen* komt aangenamer en spontaner over dan die van het meisje. De mond is hier eveneens scheef getekend maar verstoort ons inziens minder de expressie. In de tekening van de jongen krijgen we de indruk van iemand die met open armen een blij weerzien tegemoet ziet. Dit stemt overeen met zijn verbale commentaar. Afhankelijkheid en contactverlangen zijn op een vrij directe en toegankelijke manier aanwezig. Hij kent de jongen ongeveer zijn eigen leeftijd toe, wat een positief teken is. Er is transparantie van het hoofd bij het tekenen van het haar. Bij de meisjestekening zagen we dat Johan beter kan. We beschouwen dit dus als een verwijzing naar conflict. Misschien heeft dit wel te maken met zijn leermoeilijkheden. Maar verwarde haren worden soms in verband gebracht met een gebrek aan controle over seksualiteit. Excitatie met betrekking tot de haren zou te maken kunnen hebben met het opwekken van infantiele seksuele aandriften. Er is een lichte aanwijzing voor beide. De voeten in tegengestelde richting en de wat onzeker getekende benen verwijzen naar ambivalentie rond het streven naar autonomie. De verbale toelichting dat hij met grootvader zal gaan lopen, verwijst naar een expansieve activiteit die ingebed blijft in een nabije, afhankelijke relatie. Hij denkt dus niet in de eerste plaats aan een autonome activiteit en leeftijdsgenoten. Met het beeld van een veilige relatie met grootvader op de achter-

Tekening J6

grond is hij hier wel in staat om pijn onder ogen te zien (niemand wordt 8 jaar zonder pijn). Er is een poging tot het weergeven van de benen in beweging, wat zou kunnen wijzen op creativiteit en goede mogelijkheden tot sublimatie.

Overigens is er wel een goede differentiatie van beide geslachten: het meisje met een koninginnenrok en vlechten, enige versiering bij de hals; de jongen met korte broek en korter haar. De vorm van de neus van de jongen is echter niet eenduidig fallisch. Het niveau van detaillering van de tekeningen wijst op goede intellectuele en creatieve mogelijkheden.

❑ Dynamiek

Uit deze tekeningen onthouden we vooral de ambivalente en zoekende vormgeving bij de meisjesfiguur. Deze heeft vermoedelijk te maken met het ontdekken van volwassen vrouwelijke kenmerken van zijn moeder. Hierdoor voelt hij zich wat onveilig en tevens wordt ook de contactsfeer verstoord. De jongenstekening toont echter dat het niet de capaciteit tot contact en relatie is die vanaf de basis is scheefgegroeid. Het contactverlangen (jongenstekening) blijkt in verhouding tot zijn leeftijd nog vrij groot te zijn. In een nabije en niet-conflictueuze relatie (opa) functioneert hij beter en kan hij bovendien pijn en agressie onder ogen zien. Er zijn enkele tekens die in de richting wijzen van een ambivalent streven naar autonomie. Maar het zijn vooral fallische thema's die hem momenteel een onveilig gevoel bezorgen.

1.4. Tekening 6: de 'familie in dieren'-tekening (J6)

❑ Observaties en commentaar

Hij heeft niet zoveel zin in tekenen, het hangt ervan af wat. Hij vraagt: *Mijn hele familie, die is zo groot?* Geraakt akkoord over de vier gezinsleden. *Oei, een beetje vlekken, ik zal mijn blad maar draaien.* Hij begint links van het blad, zucht dat het moeilijk is, wil zijn blad weer draaien: *ik kan het niet goed tekenen.*

O: Het ziet er toch goed uit.

Ja, maar ik kan niet goed tekenen.

Vanaf nu tekent hij vrij vlot verder: moeder een hert, vader een leeuw, zus een vlinder, hijzelf een muis.

Bevraging:

1. (Graag zien?) *Dat kan ik niet zeggen nu, ik zie alle dieren even graag, zowel een slang, een bij, een koe, ook al de dieren die mij kwaad hebben gedaan. Ik heb al eens een bijensteek gehad.*

O maakt een vergelijking: als je meer vrienden hebt, zie je die ook allemaal graag maar misschien toch één het allerliefst?

J: *Ah zo, een aapje, dat is een plezant diertje, maar het beste is ze allemaal even fijn te vinden.*
(Niet graag?) *Geen één dier zie ik niet graag.*
J en O schieten in de lach om de vraag.
O vraagt: Het minst graag misschien?
Een libelle, die steken veel te hard. En spinnen, een tarantula. Dat is een mooi dier, gevaarlijk, maar ik hou er toch nog van. Een lief diertje, als je het niets doet, doen zij jou ook niets. Maar dat betwijfel ik toch.
2. (Veranderen in?) *Ja, nu heb ik dieren getekend die eigenlijk gemakkelijk zijn. Zelf zou ik een aapje willen zijn, het is plezant in bomen rondzwieren en bananen eten doe ik ook graag.*
(Niet veranderen?) *In een tarantula, dan kunnen ze me plat trappen, en dat is niet zo plezant hé.* (J zegt dit heel ernstig)
3. (Welk dier graag hebben?) *Een hondje omdat ik er veel plezier aan heb. Een aapje ook, maar dat is niet te doen, die leeft liever in zijn eigen land, in Afrika. Een hond heeft zelf liever iemand om bij te wonen. Ik heb een hond, een kat en muizen.*
O: En zijn dat goede vrienden?
J lacht wat: *De muis is dood, die is opgegeten door onze kat.*
(Niet graag hebben?) *Een tarantula, als je die effekens kwaad maakt, kan hij toch altijd nog steken.*

❑ Analyse

Dit is een beladen tekening, die origineel en expressief werd uitgewerkt. We zien hierin een aanwijzing voor meer dan gemiddelde intellectuele en creatieve mogelijkheden.

Vader staat centraal in de gezinsdynamiek, hij bepaalt de richting. De interactie tussen vader en Johan trekt onmiddellijk de aandacht. Waar een rechtshandig kind een profiel doorgaans naar links tekent, wordt de leeuw voor vader op een niet mis te verstane manier naar rechts gericht. Vooral zijn manen zijn opvallend en benadrukken een attribuut van zijn volwassen mannelijkheid als koning van de dieren. De agressie van de leeuw wordt niet beklemtoond met tanden of klauwen, maar blijkt uit de dominerende naar beneden gerichte blik, uit de naar voren gerichte beweging in de manen en uit de manier waarop de voorpoot de nodige basiskracht moet verschaffen. De leeuw straalt gezag uit en jaagt de muis die *Johan* voor zichzelf tekende, resoluut weg. De kleinheid van de muis ligt vervat in de keuze van het dier maar wordt nog geaccentueerd doordat Johan er zijn naam in verkleinvorm bij vermeldt. Bij de navraag vernemen we bovendien dat zijn eigen muis gedood werd. De verwijzing naar zijn dode muis kan verband houden met depressieve gevoelens rond de thematiek van verwerping. De muis is onlustvol getekend maar ook minder gedifferentieerd uitgewerkt dan de rest, alsof Johan onder invloed van angst wat verlamd wordt in zijn mogelijkheden. Dat hij zichzelf als laatste tekent, stemt overeen met zijn reële plaats als jongste van het gezin. Toch wordt hij in het visuele beeld niet als laatste in de rij gesitueerd.

De vlinder voor zijn *zus* blijkt zich te bevinden buiten de centrale dynamiek van het gezin: is het een opgeschrikt wegvliegen of zomaar wat rondfladderen, er niet echt bijhoren en daar ook geen pogingen meer toe doen? De vlinder is het enige vliegende dier.

De *moeder*, die in vooraanzicht als hert wordt afgebeeld met een groot gewei en een soort baard, is de meest ongewone voorstelling. De meest voorkomende weergave van dieren is in zijaanzicht. Hij wijkt dus af van een canonieke representatie. Door deze keuze is het moeilijk om de sierlijke beweeglijkheid van een hert weer te geven. Waar beweeglijkheid een centraal aspect is, brengt hij een statig, stilstaand (bevroren?) beeld. Het lijkt wel een staatsieportret. Het is een complex beeld dat moet berusten op een onbewust en voor hem onverwoordbaar aanvoelen van aspecten die de gezinsdynamiek beïnvloeden.

Het langst hebben we vragen gehad in verband met de eigenaardige vormgeving van het gewei van het hert, vooral omdat we een betekenis zochten op fallisch niveau. Maar er zat zo weinig kracht in, en hoe kon de duiding verzoend worden met een afbeelding voor de moeder? We geraakten een eindje verder toen via een 'intuïtieve' indruk een associatie met reikende handen zich opdrong. Het is echter een machteloos reiken (als een versteende hunkering?). Het aantal vertakkingen komt overeen met het aantal resterende gezinsleden. We kunnen voor het gewei ook de spanning tussen links en rechts nagaan, zoals we die voor de boomtekeningen bespraken. Drukt het gewei misschien een grote (verlammende?) ambivalentie uit? Eventueel is de handige mogelijkeid om ambivalentie picturaal uit te beelden precies de onderliggende reden waarom Johan een vooraanzicht verkoos. Aan de linkerkant van het gewei is er een overwicht van een richting naar beneden (depressie). De tekening voor moeder bevindt zich in de linkerbenedenhoek, wat wijst op angst, vlucht en zich terugtrekken. Deze laatste dynamiek wordt bovendien nog scherper gesteld door de manier waarop het hert met zijn lange goed omlijnde voorpoot als het ware een barrière vormt ten overstaan van de andere gezinsleden. De naar binnen gerichte hoef verduidelijkt het zich afwenden en afschermen nog extra. Verder is bij nader toezien het soort baard misschien een verwijzing naar de seksuele zone die wordt afgeschermd. Ook hier maakt het vooraanzicht het mogelijk dat de plaats van beharing een andere betekenis kan oproepen dan deze die schijnbaar bedoeld wordt. De tekening in dieren laat toe dat deze dingen vrij direct tot expressie worden gebracht terwijl toch het symboolniveau gerespecteerd blijft. Fallische symbolen worden hier blijkbaar benut om andere dynamische krachten voor te stellen.

Wanneer we de gehele compositie bekijken, is het in ieder geval zo dat Johan niet bij de moeder kan geraken. Er is een duidelijke scheiding tussen ouders en kinderen. Zus vliegt weg en Johan wordt onherroepelijk de laan uitgestuurd.

In de navraag merken we dat agressie voor Johan uitgesloten is als antwoord op een frustrerende en kwetsende situatie. Hij vermijdt agressie door ontkenning en rationalisatie. Hij tracht zijn onmacht ook te compenseren door kennis te etaleren, maar rond het thema van de tarantula merken we een lichte neiging tot persevereren zodat voelbaar is hoe moeilijk hij zijn ontkenning kan volhouden en zodat uiteindelijk een erg verwaterde maar voor hem aanvaardbare versie van agressieve elementen wordt overgehouden. Johan heeft het dus in de gezinscontext duidelijk erg moeilijk met het doorleven van zijn agressieve gevoelens. De commentaar dat hij gemakshalve een muis getekend heeft en geen aapje verwijst mogelijk naar een passieve instelling: zich niet weerbaar of ontsnappend en plagend durven opstellen. Dit maakt hem heel kwetsbaar voor een afwijzing of verwerping door zijn vader. Die afwijzing zou hij (als aapje) wel willen vermijden door een onbekommerd, olijk en vrij leventje, gericht op onmiddellijke behoeftebevrediging. Maar momenteel heeft het doorleven van zijn conflict en de depressieve gevoelens die erbij horen nog de bovenhand over zijn verlangen naar een manische afweer. Dit blijven echter krachten die onbewust werkzaam zijn en waar Johan dus weinig greep op heeft.

❑ Dynamisch proces

Het treft ons dat de symbolen concreter worden. In de huistekening kwam op een vage en meer basale symbolische wijze een zekere spanning tot uiting doorheen een tegenstrijdige uitwerking van twee huisgevels. Het begrijpen ging dan ook niet verder dan een aanvoelen van tegenstrijdigheden en een deels intuïtief formuleren van hypothesen. In de boom- en menstekeningen kregen we reeds iets meer zicht op de conflicten van Johan. De spanning of een deelaspect ervan wordt nu nog grijpbaarder en begrijpelijk omdat deze door Johan op een zodanig gedifferentieerde manier wordt voorgesteld en relationeel vertaald dat bewust worden van de aard van de spanning dichterbij komt. Toch geeft hij nog geen bewuste communicatie als 'het muisje is bang van de leeuw'. Ook de agressieve gevoelens die men zou verwachten, kan hij niet onder ogen zien: "Het beste is ze allemaal graag te zien." De vrees voor relatieverlies kan hij nog niet benoemen. In plaats daarvan geraakt hij verlamd in zijn tekenmogelijkheden: het muisje is de zwakst uitgewerkte tekening. Dit zou een bevestiging kunnen zijn van de hypothese dat Johan inderdaad een deel van zijn motorische en intellectuele mogelijkheden onbenut laat onder invloed van angst of spanning.

Er blijven nog veel vragen onbeantwoord omtrent de gezinsdynamiek en de wisselwerking ervan met de eigen conflicten van Johan. Het ziet ernaar uit dat Johan in de relatie tussen de ouders een spanning rond seksualiteit aanvoelt. Mogelijk fungeert hij als bliksemafleider voor deze spanningen zodat deze niet aan de oppervlakte hoeven te komen. De strijd tussen hem en zijn vader leidt misschien de aandacht af van andere problemen. Om dit te realiseren lijkt zijn vader hem gevangen te houden in een dynamiek van macht en onmacht, van groot en klein. Zo blijft voor Johan de weg naar een bevredigende fallische en oedipale ontwikkeling geblokkeerd.

Het aandeel van de moeder in de problemen is evenmin opgehelderd. Wordt zij door de vader geïsoleerd en maakt de vader het voor haar onmogelijk om een betere relatie met de kinderen uit te bouwen? Of is haar geïsoleerde positie een gevolg van haar eigen ambivalentie (menstekening, gewei) waardoor ze haar contactverlangen onvoldoende kan vertalen in een reële band? Misschien is ook haar ambivalentie een gevolg van moeilijk hanteerbare spanningen in de relatie tussen vader en moeder?

Dit zijn allemaal vragen waarop deze tekeningen geen antwoord kunnen geven. Maar we willen hiermee wel illustreren hoe tekeningen soms op een onverwachte manier een formulering van hypothesen aanreiken en ons alert maken voor details, in de context, van problemen die ons anders zouden ontgaan. Uiteraard zullen deze hypothesen met veel reserve gehanteerd moeten worden in de contacten met Johan en zijn ouders. Ook *in een therapeutisch proces mogen dergelijke thema's die nog ver van het bewustzijn verwijderd zijn, niet brutaal aan de oppervlakte gebracht worden. Zij zullen in dialoog met de groeiende draagkracht van het kind en in wisselwerking met de integratiemogelijkheden in het gezin slechts zeer geleidelijk ontsloten kunnen worden.* Maar er weet van hebben maakt het voor een therapeut mogelijk om in functie van het beoogde proces met meer inzicht te kiezen tussen verschillende mogelijkheden, zoals bijvoorbeeld partiële duidingen, het ondersteunen van afweer, het aanreiken van groeimogelijkheden waarbinnen de bewustwording geleidelijk kan verlopen. Bij Johan lijkt de aandacht op de eerste plaats gericht te moeten worden op aspecten van ambivalentie en agressie.

1.5. De affecttekeningen (J7)

Grootste angst

J wordt meteen ongemakkelijk, begint druk uit te leggen waarom hij dat niet kan tekenen. *Ik heb van niks angst, eigenlijk heb ik nooit angst... Enfin, ik kan het niet tekenen... maar ik ben dikwijls bang... vaak wel bang, maar ik zie dan niks... dus kan ik het niet tekenen.* O accepteert zonder aandringen.

Grootste woede

J: *Ik zou het niet weten.*

O: Hoe het te tekenen, of zeg je dat je nooit boos bent?

J: *Jawel, jawel, ik heb u vorige keer toch verteld van die jongens op school, dan word ik wel woedend... maar dat kan ik niet tekenen... dat gaat niet.*

Grootste verdriet

J: *Als onze vijver weg is of iemand sterft: mama of zus, dat zou ik heel erg vinden. Ook als mijn m. (grootmoeder) sterft, ik heb een héél, héél lieve m. Ook als zus of*

Tekening J7

papa of mama sterft. Of zelfs al als de neefjes sterven, zou ik wenen, eigenlijk bijna voor iedereen.
Hij vertelt het allemaal nog vrij beheerst en afstandelijk van toon, maar moet het duidelijk verbaal opvullen. Kan het niet tekenen.

Tekening 7: grootste plezier – pretpark (J7)
Ah, eerst een verhaal of een tekening? Meteen: *Van als we dit jaar op schoolreis gaan naar de Meli. Ik ben er nog nooit geweest, wel al in de Efteling. Dat kan ik wel tekenen...* Verdeelt eerst het blad met de lat in vieren: *Ik kan er anders te veel van tekenen.* Begint in het linkerbenedenvak. Zijn plan lukt niet en hij keert het blad om en herbegint, zonder vakjes ditmaal. Hij tekent een duizendpoot-luchttrein, zucht op het einde, O vraagt waarom: *Nu moet ik nog op al die wagentjes mensen tekenen...* Hij tekent de ingang en het sprookjesbos en: *Lange nek, die kan hij kort en lang maken. Hij kijkt wie wel en niet papiertjes smijt in de vuilbak en roept dan dat je het niet mag doen* (zijn beschrijving is vrij realistisch).

❑ Analyse

Johan is niet in staat om iets te tekenen rond de thema's 'grootste angst, grootste verdriet en grootste woede'. Hij kan er wel iets over zeggen. Het niet kunnen tekenen wijst echter op een moeilijkheid om deze negatief gekleurde gevoelsdimensies te doorleven. Hij vindt geen realistische weg om met dit soort gevoelens om te gaan, tenzij op een wat rationaliserend niveau. Toch voelen we zijn introspectieve mogelijkheden in de gevatte beschrijving van de vaagheid van zijn angsten.

Het opgelucht tekenen van het grootste plezier zien we als een reactie in de manische sfeer. Het voltekenen van zijn blad begrijpen we eveneens als afweer. Wel kan hij reëel plezierige ervaringen of vooruitzichten oproepen maar hij tekent ze weinig overtuigend. Het is een soort vlucht in de fantasie (sprookjestuin, luchttrein...) waarbij hij de structuur die hij zichzelf eerst wou opleggen (blad indelen), niet kan volhouden.

De figuur met een lange nek die inkrimpt en dan weer langer wordt, lijkt eerst een vlucht in een wensdroom van almachtig fallisch functioneren maar wordt omgebogen tot een beeld van de almachtige, magische controle die hij wellicht vreest. De treintjes verwijzen naar een technisch, mannelijk georiënteerd beheersen van de wereld.

❑ Dynamiek

Hier zien we dat affecten met een negatieve tonaliteit wel verbaal opgeroepen kunnen worden. Maar ze mogen niet te concreet voelbaar worden. Het niet tekenen wordt dus benut als een magisch middel om ze niet echt te laten bestaan.

In de relatie is het accepteren van zijn weigering belangrijk.[4] Dit kind met deze mogelijkheden had waarschijnlijk wel verleid kunnen worden om toch iets te tekenen. Hij is immers erg gespannen rond het tegemoetkomen aan de verwachtingen van de volwassenen. Maar gezien de dynamiek van moeizame zelfaffirmatie (zie vorige tekeningen) is het groeibevorderend als hij kan/mag ervaren dat de grens die hij aangeeft, geaccepteerd wordt zonder dreiging van relatieverlies. Pas op deze basis en met deze ruimte kan hij eigen oplossingen leren zoeken, in plaats van te wachten totdat hij door volwassenen uit zijn twijfel en onzekerheid verlost wordt.

Het feit dat hij er niet in slaagt de affecttekeningen te maken, wijst erop dat hij zijn ambivalentie nog onvoldoende heeft kunnen overstijgen. Zijn negatieve gevoelens zijn nog te massaal en onvoldoende gedifferentieerd. Ze worden niet in evenwicht gehouden door positieve ervaringen zodat frustraties dan ook als totaal negatief gepercipieerd dreigen te worden. Een analoge dynamiek zien we ook in positieve richting voor de pleziertekening: het verlangen naar een onbegrensde lustervaring. Maar deze wordt toch reeds even verstoord door de controlerende lange-nekfiguur. Dergelijke dynamiek draagt ertoe bij dat negatieve gevoelens ontkend of onderdrukt moeten worden omdat ze te vlug een bedreiging vormen voor het zelfgevoel en voor relaties.

1.6. Synthese

De manier waarop we de gegevens hier ordenen, is mee bepaald door de achtergrond van een ruimer psychodynamisch ontwikkelingsmodel dan wat hier in verband met tekeningen uitgewerkt kan worden. Deze synthese kan uiteraard ook slechts een gedeeltelijke synthese zijn. De bevindingen uit de tekeningen moeten verder nog geconfronteerd worden met gegevens uit de intake en de rest van het testonderzoek. Het is echter niet onze bedoeling om een illustratie te bieden van een volledige diagnostische procedure maar wel om aan te tonen hoe vanuit tekeningen de verschillende stappen van een procesdiagnose doorlopen kunnen worden.

We willen nu proberen een aantal gegevens op een samenvattende manier bij elkaar te brengen.

De *inhoudelijke thema's* die Johan bezighouden, hebben te maken met een moeizame zelfaffirmatie die we op verschillende niveaus terugzien: de moeite die het hem kost om zich los te maken uit een veilige omgeving en de band met zijn moeder, de twijfel aan zichzelf en de onzekerheid over zijn prestaties, het zoeken om ook meer vrouwelijke trekken te integreren in zijn seksuele identiteit, het gevoel dat hem de toegang ontzegd wordt tot de wereld van de

4. Hier krijgt een therapeutische bekommernis dus voorrang. Wanneer de diagnostische bekommernis centraler staat, kan het aangewezen zijn de grenzen van de expressie van belevingen te verkennen. Zie II. 4.3.2.2.

volwassenen. Een ambivalente en conflictueuze ondertoon is vaak aanwezig. Hij stelt hoge eisen aan zichzelf en hecht veel belang aan het goed houden van relaties. Het vermijden van negatieve gevoelens en vooral van agressie valt op. De conflictueuze familiale context wordt scherp aangevoeld maar is niet bespreekbaar.

Zijn *reactiewijzen* om hiermee om te gaan krijgen vorm vanuit zijn goede intelligentie, zijn creativiteit en goede symbolisatiemogelijkheden. Ook zijn verbale mogelijkheden helpen hem om contact te houden met de onderzoeker en zo de spanning van de taken vol te houden en bijvoorbeeld bij de affecttekeningen tot een compromis te komen. De hoge eisen die hij aan zichzelf stelt, zijn mee bepaald door zijn intellectuele capaciteiten die zijn zelfkritiek versterken. Hierdoor ontstaat er een onrust die hem verstoort maar die hij toch wel weet te hanteren: het herbeginnen van zijn tekening brengt meestal een verbetering.

Centraal achten we een ambivalentieproblematiek: hij heeft het moeilijk om tot een relatief evenwicht te komen tussen de positieve en negatieve aspecten van zijn belevingen. Hij tracht agressie totaal af te wijzen of af te splitsen maar slaagt daar niet echt meer in. Een betere integratie is in de kiem aanwezig (boomtekening). Op het vlak van prestatie is hij beter in staat om de spanning toch vol te houden. De zelfkritiek en het vele herbeginnen heeft echter een vertragende invloed.

Op die basis heeft hij het moeilijker om tot een stabiele fallische en oedipale ontwikkeling te komen en ontstaat er een regressieve beweging die hem nog meer vasthoudt in zijn ambivalentie. Wel zijn er meerdere signalen die erop wijzen dat fallische thema's hem bezighouden (huis-, boom- en menstekening).

Voor zijn verdedigingen kan hij eveneens gebruikmaken van zijn goede mogelijkheden (intellectualiseren, rationaliseren, fantaseren). Daarnaast is er een nogal uitgesproken poging om negatieve gevoelens en vooral agressie te ontkennen. Er zijn ook signalen van manische reacties die hij echter zelf onder controle houdt (grootste plezier, aapje in de navraag bij de FID). Eenmaal zien we dat er onder invloed van angst functieverlies optreedt (muisje in de FID). Er is ook een lichte neiging tot rusteloze ambivalente actie als de spanning oploopt (voortdurend zijn blad draaien).

Relationeel beschikt Johan over goede contactmogelijkheden. Hij heeft nood aan goedkeuring maar kan op een positieve manier gebruikmaken van steun. Hij kan moeilijk tekort toelaten in relaties ("het beste is ze allemaal graag te zien" FID). Vermits hij nog problemen heeft met ambivalentie, vormen negatieve gevoelens een bedreiging voor relaties. Momenteel wordt het contact vermoedelijk ook verstoord door conflicten rond fallische thema's zodat hij geneigd is terug te grijpen naar infantiele relatievormen (huistekening, nabijheid met grootvader in de menstekening).

Tekening P1

Maar meer nog dan door intrapsychische conflicten blijken relaties bedreigd door de familiale context die aanleiding blijkt te geven tot een strijdrelatie tussen vader en Johan, met gevoelens van kleinheid, onmacht en verwerping tot gevolg (FID). Hierdoor wordt een gezonde fallische ontwikkeling erg bemoeilijkt. In de uitwerking van de moederfiguur zien we dat deze strijdrelatie een gevolg zou kunnen zijn van spanningen binnen het echtpaar waarvoor Johan eventueel de rol van bliksemafleider op zich neemt of toegewezen krijgt. Moeder is dus evenmin beschikbaar als steunfiguur. We blijven ook vragen hebben omtrent het aandeel van moeders eigen ambivalentie in deze dynamiek. In het licht van de dynamiek van ambivalente zelfaffirmatie en het toegewezen krijgen van een rol in een gezinsconflict zal het in een therapeutisch proces belangrijk zijn oog te hebben voor zijn moeilijkheid om een eigen plaats te vinden en in te nemen. Een stap in die richting werd reeds gezet door zijn weigering bij de affecttekeningen gewoon ernstig te nemen en te accepteren.

Maar gezien de massale afweer van agressie stellen we ons de vraag of het voor het gezin draaglijk is dat in een individuele therapie rond dit thema gewerkt zou worden. Immers, als er in het gezin een reële dreiging van relatieverlies of verwerping bestaat als antwoord op het tonen van agressie, dan kan een individuele therapie maar slagen in de mate dat ook de gezinscontext eerst of mee verandert. Bovendien laat de FID-tekening vermoeden dat er een actuele verstrengeling aan de orde is van intrapsychische en interactionele problemen waaraan zeker niet voorbijgegaan mag worden.

Samenvattend beschouwen we Johan als een kind met heel wat mogelijkheden (intellectueel, affectief, creatief, verbaal, introspectief) maar die toch in zijn ontwikkeling bedreigd is omdat hij in zijn omgeving niet de fasespecifieke steun vindt die hij nodig heeft. De conflicten die daarvan een gevolg zijn, heeft hij ook verinnerlijkt zodat hij slechts gedeeltelijk kan gebruikmaken van een ander aanbod in de relatie. Momenteel vormt zowel zijn eigen ambivalentie als de conflictueuze gezinssfeer een bedreiging voor zijn ontwikkeling. Vermoedelijk slorpt deze dynamiek zoveel energie op dat ook de schoolse ontwikkeling eronder lijdt. Zijn moeilijkheden rond zelfaffirmatie en agressie maken hem ook een dankbaar doelwit voor de pesterijen van leeftijdsgenoten.

2. Illustratie van deelprocessen

2.1. Belang van de interacties tijdens het tekenen: PAUL, 6 jaar (P1)

We kozen deze illustratie om te verduidelijken hoe commentaren en associaties tijdens het tekenen even belangrijk kunnen zijn voor een diagnose als een nauwgezette analyse van de tekeningen zelf. Een belangrijk deel van de interpretatie gebeurt hier door het in elkaar passen van de informatie uit deze verschillende invalshoeken.

P1 menstekening

❑ Observatie en verbale commentaar

Dat kan ik niet.
Begint toch. Tekent eerst het hoofd, dan de handen. *Zo met 5 vingers.* Kijkt dan naar mijn blad en bekijkt hoe ik aan het schrijven ben.
Wij doen dat anders in school. Wij schrijven de P zoals een hoofdletter.
Ben je aan het kijken hoe ik schrijf?
Ik ben linkshandig.
Ja? Hoe vind je dat?
Mijn vriend is rechtshandig. Hij zit naast me. Het gaat niet goed.
Bots je dikwijls, zo met die arm?
Zo zitten we. Demonstreert het.
En wat doe je dan?
Een tintenkiller gebruiken. Tekent ondertussen verder. Tekent grote handen en zegt: *Zo met 5 vingers hé? En een duim ook... De nestels geraken er niet goed op.*
Wil het blad afgeven. *Een manneke... Oh ja zijn haar.*
Begint weer te tekenen.
Voor zijn kleren maak ik strepen. Ik ga korte mouwen maken, dan moet ik niet zoveel doen. Zo..., klaar.
Kijkt rond naar de metalen kastjes in de hoek. *Wat is dat?* (Is hij afgeleid vanuit ongerustheid over een mogelijk oordeel over zijn prestatie?)

...

Bevraging achteraf, na boom- en huistekening.

Is dat een jongen of een meisje?
Da's een jongen. Dat ben ik.
Ha, heb je jezelf getekend?
Ja.
Hoeveel jaar is die jongen?
7 jaar.
Waar staat die jongen?
Wacht even. Tekent de school, *de speelplaats, de tralies, eigenlijk zijn dat tralies.*
Hij vertelt heel gedetailleerd hoe alles eruitziet en vult dan zijn tekening aan.
Is die jongen daar alleen?
Nee, zijn vrienden zijn erbij. G. da's een Franse... Er is nog een nieuwe bijgekomen; die kan niet zo goed Nederlands, hij kan niet zeggen 'heeft', zegt 'heb' in plaats van 'heeft'. Tekent alles. *Da's de zandbak. Ik zal een stuk tekenen want hier is ook een goal. Ik volg zedenleer hé en mijn juf is de mama van een kindje uit de school. Die juf is nu naar een andere school.*
Het kindje en de mama zaten dan op dezelfde school?

Ja... er is nog een andere P. op school. Hij zit in het vijfde leerjaar. Zijn mama geeft les aan mij en P., toen die in het tweede leerjaar zat, heeft toen les gekregen van zijn moeder.
Hoe zou jij dat vinden als je mama aan jou les gaf? Zou je dat ook graag willen?
(heel overtuigd) *Ja!!*
We gaan even terug naar je tekening kijken hé? Wat doet die jongen?
Hij kijkt even naar achteren. Begint andere erbij te tekenen.
Ik sta keeper... G. is in mijn ploeg. Hij wil de bal afpakken van B. Ik draai mij even om. Ze proberen de bal af te pakken. Ze willen allebei de bal.
Hoe gaat het aflopen?
Ik zal de bal bijhouden.
Wat denkt die jongen?
Dat hij de bal gaat afpakken. Tekent dan allemaal balletjes naar zijn richting.
Ik ga stoppen met tekenen want anders komt hij tegen mijn hoofd.
Waar is die jongen bang van?
Dat die bal tegen zijn hoofd zal komen. Daar is hij niet bang van. Wel als het een leren bal is.
Is hij bang dat het pijn zal doen?
Ja.
Wat maakt hem boos?
Als papa mij afkietelde.
Ja? Word je daar boos van?
Dan stamp ik tegen mama en dan is mama boos en dan heb ik dat niet graag en dan ben ik boos.
Op je papa?
En ook op mama.
Wat maakt hem verdrietig?
Als ik alleen ben.
Wat maakt hem blij?
Als ik verjaar en cadeautjes krijg... Waarom zet jij iedere keer een streepje?
Jij wilt graag weten wat ik allemaal doe hé? Ik zet telkens een streepje als ik iets anders vraag over dat jongetje.
Je hebt al veel geschreven. Doet je hand niet zeer?
Nee hoor. Doet jouw hand soms zeer als je veel schrijft?
Knikt bevestigend.
Wat heeft die jongen nog nodig?
Niets. Als ik de bal kan afpakken.
Waarom heeft hij die bal nodig?
Omdat we dan bijna winnen.

❑ Analyse

De tekening op de voorgrond is het oorspronkelijk antwoord van Paul op de opdracht. Hij is gemotiveerd om een goede prestatie te leveren: telt de vingers en voert correcties uit. Voor zijn leeftijd is dit een vrij goed gedifferentieerde tekening. De afmetingen en de plaatsing op het blad zijn normaal. De neus ontbreekt, terwijl die op de meeste tekeningen van kinderen van zijn leeftijd wel voorkomt. Er zouden dus fallische problemen kunnen zijn. De veters worden benadrukt: volgens Royer (1977) wijst dit op pogingen om het streven naar autonomie onder controle te houden. De grote handen kunnen een teken zijn van streven naar kracht, eventueel als compensatie voor gevoelens van zwakheid (Urban, 1963).

In de afgewerkte tekening staat hij vóór een hekken. Hij neemt dus niet deel aan de interacties op de speelplaats die hij beschrijft. De rivaliteit op de speelplaats is duidelijk iets waar Paul het moeilijk mee heeft. Vooraleer hij het voetbalspel vorm geeft, wordt de eerst getekende jongen tot buitenstaander gemaakt, door middel van een traliehekken, zonder doorgang. Het tekenen van het hekken moet hem op magische wijze helpen het agressieve thema te overzien. Opmerkelijk is verder het gebruik van verschillende lichaamsschema's. De eerste tekening is een constructietekening die opgebouwd is door de samenvoeging van losse stukken. Voor de middelste figuren gebruikt hij een schema van een hoger niveau met vloeiende lijnen en een insnoering voor de taille: de uitgebeelde rivaliteit associeert hij blijkbaar met grotere jongens. Op de achtergrond zien we dan nog een stickfiguur in het doel staan met nauwelijks gelaatstrekken. Dit wekt een ruimtelijke indruk van zich veraf bevinden. Misschien is dit een middel om kwetsbaarheid op een veilige emotionele afstand te houden. Ook de voorlaatste figuur krijgt geen duidelijke gelaatstrekken. Verbaal wordt de interactie beschreven als verlopend tussen de twee middelste figuren, maar in feite vertrekt de bal bij de eerste tekening die Paul voor zichzelf maakte en vóór de omheining plaatste. Hij lijkt hiermee te kennen te geven dat hij wel zou willen deelnemen aan het spel, maar zich als een buitenstaander ervaart. De indruk van een dergelijk wensbeeld wordt nog versterkt door het feit dat de actie zich volledig situeert op de bovenste helft van het blad en ook de bal vertrekt van bij zijn hoofd.

Typisch is de eerder verhalende vorm van tekenen. Tekenen en gesprek worden onvoldoende gedifferentieerd: hij kan moeilijk gedachten formuleren zonder ze ook te willen tekenen. Het meest opvallend zien we dit bij het tekenen van de verschillende posities van de rollende bal alsof hij anders de beweging van de bal niet kan verduidelijken. Deze infantiele, concrete manier van denken zien we nog sterker wanneer hij de laatste bal niet meer tekent omdat die anders zijn hoofd zou raken. Toch zien we dat hij in verhouding tot zijn leeftijd het probleem van de verborgen lijnen vrij goed beheerst: de jongen vóór de tralies van het hekken wordt adequaat getekend, zonder transparanties; de achterste van de twee voetballende jongens wordt realiteitsgetrouw slechts gedeeltelijk getekend. Dit wijst op meer dan gemiddelde intellectuele mogelijkheden. Maar voor de rollende bal kan Paul niet teruggrijpen naar dit inzicht, alsof het denken aan de mogelijkheid om pijn gedaan te worden door de bal een magische ingreep vereist om zich te beschermen.

Paul is een zeer aanspreekbaar kind dat overgeleverd is aan een veelheid van indrukken die op hem afkomen en die hij allemaal tegelijkertijd wil bijhouden. Hij kan zijn gedachten onvoldoende afgrenzen en zich op één thema concentreren. Tekenen en vertellen houden afwisselend de associatiestroom gaande en lopen door elkaar. We beschouwen dit als een uiting van ik-zwakte.

We krijgen ook heel wat informatie uit het proces dat tijdens de bevraging op gang komt. Het is opvallend hoe de onderzoeker consequent de metafoor vasthoudt en even opvallend hoe Paul die afstand niet kan respecteren en even consequent zijn antwoorden vanuit de ik-positie formuleert. Toch menen wij dat het precies dit relatie-aanbod is dat hem een structurerend kader verschaft om relevante aspecten uit zijn leefwereld te kunnen vertellen en de spanning die dit meebrengt onder controle te houden, zonder nog meer zelfbetrokken te geraken.

Verdere *procesaspecten* worden vooral duidelijk vanuit het samenspel van tekenen, associëren, de aandacht laten afdwalen, zich richten op de relatie. Bijvoorbeeld: het thema school roept beelden van leeftijdsgenoten op. Dit is aanvankelijk nog neutraal maar roept vrij vlug de nood aan moeder op. Naarmate hij zich inhoudelijke belevenissen concreter tracht voor te stellen, vermindert het niveau van zijn tekeningen, vooral voor de personen die in een kwetsbare positie staan. Het regressieve thema van de zandbak wordt eveneens op een zwakke manier vorm gegeven. Deze korte regressie en het oproepen van het beeld van moeder helpen hem dan toch om het thema voetbal aan de orde te laten komen. Maar conflict en kwetsuur dreigen. Als de onderzoeker dan gezien de positieve respons van Paul ook andere affecten bevraagt, kan deze inhoudelijk relevant reageren maar in de relatie kan hij zijn autonomie niet meer volhouden en tracht hij met de onderzoeker te versmelten. De empathische betrokkenheid op de onderzoeker benut hij als uitweg om niet langer bij zijn eigen gevoelens te moeten stilstaan. Dit deed hij ook even bij het begin van de opdracht. Problemen en spanning blijkt hij te ontwijken door zijn concentratie los te laten of zich te richten op de relatie.

2.2. Belang van de onderlinge volgorde van tekeningen: Rudy, 9,5 jaar (R1, R2, R3)

Bij Rudy waren het de reacties die verbonden waren met de plaats van de tekeningen in de rij die ons hielpen om de ernst van zijn kwetsbaarheid genuanceerder in te schatten. Hierbij werd de onderzoeksvraag verfijnd naar het intrapsychische proces. Rudy groeit samen met zijn jongere broer op in een marginaal milieu en wordt aangemeld met ernstige gedragsproblemen, vooral van agressieve aard. De ouders zijn zes jaar geleden gescheiden. Moeder is bij vader weggegaan. Vader dronk en was dan erg agressief tegenover haar. Rudy kwam dan beschermend tussen. Vader verbleef ook drie jaar in de gevangenis wegens allerhande feiten. Moeder geraakte na de scheiding in een drugsmi-

Tekening R1

lieu verzeild en heeft onlangs een geslaagde ontwenning achter de rug. Ze wil opnieuw vat krijgen op de kinderen.

❑ Observaties en commentaar

De boomtekening (R1)
Een boom is veel te gemakkelijk. Hij begint met een klein boompje links. Maakt dan spontaan een tweede boom op hetzelfde blad (?). *Het is een loofboom, de bladeren vallen uit. Dit is geen boom zoals een spar of een den, daar kun je je aan steken. Nog een manneke op de bank. Zijn gezicht mislukt altijd. Nu laat ik hem slapen. Hij heeft een gebroken been. Hij slaapt, het is een luilak. Zijn veter is los.*

Deze eerste boomtekening van Rudy is tevens zijn eerste tekening tijdens het onderzoek. Wanneer we deze tekening bekijken *in het licht van een hulpvraag*, dan lijkt ze meerdere significante elementen aan te reiken. Het eerste stekelige boompje wordt in de hoek linksonder getekend. Verwijst dit naar de vroegere agressie waarvan hij afstand wil nemen? De eigenlijke boom wordt daarna groot en bijna in het midden van het blad getekend. Het tekenblad wordt daardoor in twee zones verdeeld die kunnen verwijzen naar verleden en toekomst. Aan de rechterzijde (toekomst) van de boom wordt ongevraagd een thema toegevoegd. Misschien houdt de slapende jongen op de bank wel verband met een wens om eindelijk rust te vinden in de toekomst, afgeschermd en beveiligd in de nabijheid van een grote boom. Is dit ook een element van hoop die hij koestert naar het onderzoek toe? In deze tekening brengt Rudy ook meteen zijn beste menstekening. Maar deze mogelijke rustgevende connotatie kan op bewust vlak niet uitgewerkt worden en nog minder gedeeld worden in de relatie. Integendeel, de jongen is lui, zegt hij, slordig en heeft een gebroken been. In het licht van zijn volgende tekeningen merken we op dat het mensschema slechts lukt in de uitbeelding van totale passiviteit. De getekende boom is wel groot maar komt door de zwakke en zeer aarzelende lijnen weinig overtuigend over. Passiviteit en machteloosheid lijken de voornaamste thema's die Rudy in zijn eerste tekening brengt.

De tweede boom (R2)
Hij is afgezaagd. Het andere stuk ligt ernaast. (?) *Ze hebben hem afgezaagd omdat hij ziek is en omdat ze wilden weten hoe oud hij was.* Dan tekent Rudy de ringen: *Hoe dikker, hoe beter het jaar was. Hij heeft heel goed geleefd, hij is vier jaar. Hier is het wat minder* (?) *op het einde, omdat hij werd omgezaagd.* Vervolgens tekent hij er nog een kettingzaag en olie bij. (?) *De andere bomen zijn al weg en uit de grond getrokken.* (?) *Ik vond dat leuk omdat ik dan meer licht kreeg.* (?) *Hij heeft superlijm nodig, pattex. Dan kunnen ze hem er terug aan plakken.* (?) *In het begin zou hij het kleverig vinden maar hij zou graag terug een grote boom worden. Maar als er water aan komt (sappen), dan zou het terug kunnen loskomen.* Dan wordt hij afgeleid door een waterfles in de kamer. Hij begint de tekst erop te lezen: *Mijn juf heeft er ook zo één. Ik kan goed Engels.*

Tekening R2

Beide boomtekeningen reveleren, doorheen de beelden en de verbale commentaar, vrij gedifferentieerde expressiemogelijkheden. Rudy is aan de basis vermoedelijk een sensitieve en onzekere jongen (dunne schetsmatige lijntjes). Deze mogelijkheden spelen hem echter parten. De beelden uit de eerste tekening hebben waarschijnlijk te vlug de weg vrijgemaakt naar de diepere lagen van zijn beleving. Dit zullen we vooral kunnen opmaken uit zijn reactie op de volgende tekenopdrachten. Maar reeds in deze tekening krijgen we een heel ander beeld. De negatieve gevoelssfeer komt onmiddellijk op de voorgrond. Het is ook vooral deze tweede boom die onze aandacht trekt wanneer we aanvankelijk het geheel van Rudy's tekeningen overschouwen. Hij tekent met zwakke lijnen een afgezaagde boom, in twee stukken en liggend op de bladrand. Daarnaast tekent hij nog de doorsnede van de boom, om te verduidelijken hoe oud de boom was toen hij werd omgezaagd. Maar vooral in het oog springend is de elektrische boomzaag die hij daarboven centraal, zwart, met sterke druk en zeer precies tekent. Deze boomzaag roept iets akeligs op en wordt door ons onmiddellijk geassocieerd met de ernstige klachten over zijn agressie. Het vraagt een inspanning om aandacht te geven aan de doorgezaagde en omgevallen boom. Dit lukt pas echt nadat we merken dat Rudy na deze tekening niet in staat is om de gevraagde menstekeningen te maken, maar in plaats daarvan vlucht in fantasievoorstellingen van monsters. Het is ook dan dat we ons, omwille van de precisie van het thema, vragen stellen naar reëel traumatische ervaringen die hij bijna op een exacte leeftijd kan situeren (boomringen). Een sprankeltje hoop blijft aanwezig maar de oplossing die hij fantaseert, is onrealistisch.

De menstekening (R3)

Aanvankelijk ontwijkt Rudy deze opdracht zoals we reeds zegden. Indien de onderzoeker de samenhang tussen het overspoelend beeld van de omgezaagde boom en het ontwijken van de menstekeningen onmiddellijk had begrepen, zou een meer therapeutisch gerichte interventie hem misschien houvast gegeven hebben om in de realiteit te blijven. Het probleem was echter dat de ontreddering niet als dusdanig voelbaar was in het contact. Misschien had hij de opdracht verkeerd begrepen. De onderzoeker wou hem daarom opnieuw realistischer betrekken op de tekentaak en vroeg hem zichzelf te tekenen. In de tekening die hij dan maakt, komt zijn machteloosheid nog scherper op de voorgrond: *Ik ben aan het skeeleren. Ik trek een gek gezicht.* (?) *Daar staat een muur en ik kan er niet over. Ik bèn aan het ronddraaien.*

Hij slaagt er nu wel weer in zich aan de voorstelling van een mens te houden en spreekt in ik-termen. Maar de vormgeving ligt nog in de lijn van de monsters die hij voordien tekende. Het lichaamsschema is sterk vervormd en komt bizar en opgeblazen over. De indruk van onmacht wordt nog versterkt door het beeld van rondjes draaien vóór een muur.

Hoe kunnen we de psychodynamische samenhang tussen de tekeningen van Rudy nu begrijpen? In de eerste tekening kan hij zich niet beperken tot de opdracht maar toont hij meteen zijn negatief zelfbeeld en zijn machteloos-

Tekening R3

heid. Door het tekenen en bewust bespreken van deze thema's dringen zijn gevoelens van machteloosheid en diepe gekwetstheid zich nog sterker op de voorgrond, tegelijkertijd met een verwijzing naar de vernietigende agressie die er de oorzaak van is. Dit traumatisch beeld brengt eerst een blokkade in zijn voorstellingsvermogen en een vluchtreactie teweeg (tekeningen van monsters). Vervolgens manifesteert de regressie zich in een aantasting van het lichaamsschema. Hiermee toont Rudy hoezeer zijn persoonlijke integriteit op het spel staat. Hij is duidelijk niet opgewassen tegen de overspoelende gevoelens die hij vanwege zijn aanleg en vanuit zijn levensgeschiedenis met zich meedraagt en onvoldoende kan afdammen. Zijn verdere ontwikkeling is ernstig bedreigd. We overwegen of de mogelijkheid om de kwetsbare en gebroken boom voor te stellen, nog gezien kan worden als een positief element. Indien de opgeroepen kwetsbare zone in een relatie bevat, ondersteund en afgegrensd kan worden, komt er misschien enig tegengewicht ten aanzien van de dreigende identificatie met de agressor (kettingzaag) of de verdere ondermijning van zijn integratiemogelijkheden.

2.3. Complexiteit en meerduidigheid van symbolen: Günther, 5 jaar (G1)

De tekening van Günther willen we zoveel mogelijk voor zichzelf laten spreken. Een tekening als deze is moeilijk te vatten binnen de grenzen van een objectiverende taal maar vraagt om een taal waarin alle tegenstrijdigheden en twijfels op een voelbare manier aanwezig blijven. Meer dan bij de andere besproken tekeningen zijn we hier aangewezen op een analyse die van dichtbij aansluit bij intuïtieve en overdrachtelijke processen. Ons uitgangspunt was de machteloosheid die werd opgeroepen door de condensatie van een veelheid van verwarrende betekenissen. Soms kunnen kinderen helemaal niets verwoorden bij hun tekening. Günther kan mentale voorstellingen oproepen die in belangrijke mate helpen bij de interpretatie. Maar het ongrijpbaar verspringen van symboolniveau is ongewoon op zijn leeftijd. In wezen is deze tekening vooral een 'daarstelling' van zijn complexe existentie, met flarden van betekenissen en niveaus die verwarrend door elkaar lopen en tonen hoe moeilijk het voor hem is om betekenis en houvast te vinden in de hem omringende wereld. We laten eerst hemzelf aan het woord. De tekening is zijn eerste tekening in het kader van een belevingsonderzoek.

❑ Observaties en commentaar

G zegt dat hij een beetje graag tekent.
Vraagt aan onderzoeker: *Kun jij dat goed?*
Hij tekent linkshandig en begeleidt zijn tekenen verbaal: *Ik ben het haar vergeten, een gat in zijn oor, ik teken heel lang, ik kan soms wel drie uren tekenen, dat gelijkt wel niet veel op mij.*
Hoezo?

Tekening G1

Ik teken zo de handen, sommige kinderen doen het anders, gewoon een streep; ik kan de benen niet meer tekenen (kunnen niet meer op zijn blad); *hij heeft handschoenen aan; er staat een klein mannetje op zijn trui; mijn zus zegt dat het* (handen) *kippenpoten zijn, die tekent heel vies; het kleine mannetje gaat soms mislukt.*
G tekent een cirkel rond het mannetje op de trui, tekent er een stok onder. *Het wordt een boom, een stok met een plakkaat.* Hij omlijnt dan zijn ganse tekening.

Navraag: *Het is een jongetje; het is 4 jaar; het doet graag aan lopen en sport; het schildert niet graag.*
Tot O: *En jij? Waarvoor is dat, dat bord?* (aan de muur in de kamer)
Hij tekent dan een soort kruis over het hoofd. O vraagt hem wat dat voorstelt. *Hij doet dingen die hij niet mag, soms pest hij kinderen, daagt hen uit. (?) Dan krijgt hij straf. Hij is 4,5 jaar. Hij is de oudste, de jongste van de school.*
O vraagt naar de betekenis van het kindje op de buik van het jongetje. *Het is een kindje op zijn trui, niet een kindje in zijn buik, want dat kan toch niet zo'n klein kindje.*
G schrijft dan letters naast het kindje. O vraagt of hij zijn naam al kan schrijven. Hij doet dat dan in drukletters op de achterkant van het blad en tekent er wederom een plakkaat rond.

❑ Analyse

Het is een wat chaotische tekening. Günther heeft het moeilijk om een eenduidige expressie te realiseren. Het omlijnen van zijn tekening heeft wellicht te maken met het aanvoelen van zijn falende integratie en ordening. Het lijkt wel een letterlijke uitbeelding van zijn nood aan containment. De handschoenen moeten hem bovendien helpen agressie in te tomen.

Hoewel hij voor zijn leeftijd een aantal ongewone details (hoed, handschoenen) betrekt in zijn tekening, laat het ontbreken van de benen een ernstig tekort aan autonomie vermoeden. Het tekortschieten van de planning toont hoeveel energie het hem kost om tot een aanvaardbare voorstelling te komen; zodanig zelfs dat hij de realiteit van het tekenblad niet tegelijkertijd kan overzien (geen plaats voorzien voor de benen). De blik lijkt een hunkerend omhoog kijken, een zoeken naar contact. De nadruk op de oren begrijpen we als gevoeligheid voor kritiek.

Maar Günther gebruikt ook symbolen die meer voelbaar aanwezig zijn dan verstandelijk te achterhalen. Het kruis over het gezicht zou kunnen verwijzen naar primitieve, magische superego-angsten. De hoed lijkt een poging om te verbergen of bijeen te houden wat hem door het hoofd spookt. Ook het plakkaat is moeilijk te duiden, maar het wordt tweemaal scheef getekend. Het is moeilijk goed te integreren. Het blijkt ook een condensatie van verschillende conflictueuze bekommernissen die niet zomaar in een betekenisvol verband uitgelegd kunnen worden omdat ze telkens verspringen. Misschien is Gün-

Tekening T1

Tekening T2

ther een kind dat verwarring installeert als hij in nood is of zich overrompeld voelt. We proberen toch om enkele dimensies op een rij te krijgen.

Het kindje zou gezien de plaatsing naar zwangerschap kunnen verwijzen, maar dit wordt ontkend. Het wordt dan ingepakt in een eerder fallisch symbool, een boom die nog naar groei verwijst. Maar onmiddellijk wordt deze voorstelling herleid tot een plakkaat, iets statisch; opgeplakt als een uiterlijk attribuut, in plaats van deel uitmakend van een levend geheel. Het tweede plakkaat in het hoofd werd door O pas achteraf opgemerkt. Verwijst het naar een thema waarmee hij quasi-letterlijk in zijn hoofd zit? Bij de bespreking van het kindje op of in de buik stapt hij bovendien over naar de volwassen wereld van 'letters', in een hernieuwde poging om de dingen onder controle te krijgen. Deze poging staat niet meer in contact met zijn verwarring maar wordt aangegrepen als een kalmerend oefenen van vormen.

In het verloop van de tekentaak zien we dat dit kind over beperkte autonome mogelijkheden beschikt om genoeg greep te houden op indrukken en associaties. Hierdoor blijven tegenstellingen niet overeind als in een conflict, maar nemen ze eerder proporties aan van een algemeen tekort aan een stevige bodem en een ordenende kern. Uiteraard zullen we verder moeten uitzoeken of dit zijn gewoon niveau van functioneren aangeeft of het laagste niveau waarop hij terugvalt op momenten dat hij zich overrompeld voelt. Het was vooral het verspringen van thema dat verwarrend werkte en het gevoel wekte dat een directe taal zou tekortschieten om die dubbele bodems weer te geven en om Günther een zingeving aan te reiken die hem het zo nodige gevoel van 'verankering' zou kunnen bezorgen. Precies het wisselen en verschuiven van symbolen is hier diagnostisch minstens even belangrijk als de inhoud van de gebruikte symbolen. Vaak komt men dergelijke kenmerken eerst op het spoor via tegenoverdrachtelijke aspecten en merkt men pas achteraf dat men ze ook objectief kan vaststellen. Toch zal men in een therapeutisch proces niet mogen voorbijgaan aan het voelen van de verwarring en zal men tot op zekere hoogte op een dragende manier moeten meeschommelen met zijn zorgen en er betekenis aan geven opdat hij er van binnenuit voldoende greep op zou krijgen. Het is nuttig dat de aanzet tot een dergelijk proces al ontstaat tijdens de diagnostische fase en een eigen bijdrage levert tot de verdere indicatiestelling.

2.4. Ontwikkelingsachterstand en emotionele factoren: Tom, 9,5 jaar (T1, T2, T3, T4)

De klachten aangaande Tom hebben te maken met zijn zwaarlijvigheid, zijn onderpresteren en ook zijn depressieve stemming. Hij heeft een zus van 11 jaar en leeft in een gezin van buitenlandse origine. Er zijn ernstige huwelijksproblemen, maar omwille van de financiële situatie is een echtscheiding niet mogelijk. Moeder zou nochtans een scheiding wensen. Vader brengt veel tijd door op café. Zus mag soms met hem mee. Tom wordt door zijn vader genegeerd. Moeder voelt zich depressief. Volgens moeder lijdt Tom onder vaders afwijzing en ontwijkt hij vaders agressie tijdens echtelijke ruzies.

We zullen bij onze bespreking van twee boomtekeningen en twee menstekeningen aandacht geven aan elementen die wijzen op een ontwikkelingsachterstand. Tevens zullen we de vraag stellen of er ook elementen zijn die wijzen in de richting van een onderliggende dynamiek op belevingsniveau. De tekeningen werden uitgevoerd met kleurpotloden.

❑ Observaties en commentaar

De boomtekening (T1)

Tom werkt heel traag en nauwgezet. (?) *Het is zomaar een boom die in een bos staat. Hij leeft en is zes jaar. Die boom is aan het slapen. Hij denkt dat er iets groeit, een appel.* (?) *Leuk, dan kun je de appel plukken en opeten.* (?) *Hij heeft water nodig. Er is zon en het regent ook. Er is een regenboog. Kijk een gele lijn, een roze en een oranje.*

Een andere boom (T2)

Nu is het één met bruine bladeren. Het is een jongensboom van acht jaar. De boom denkt aan water. Die heeft zoveel dorst. Het begint ineens te regenen en dan is hij blij. Het is regenweer. Hij heeft water nodig.

De menstekening: een jongen (T3)

Het is een jongen van zes jaar. Die is alleen in dit huis (wijst de huistekening aan). *Hij is tv aan het kijken. Hij denkt aan voetballer worden. Maar soms op school niet want er speelt iemand vals en dat vindt hij niet leuk. Deze jongen denkt dat hij de beste is* (bedoelt met denken). Hoe voelt de jongen zich? *Hij denkt dat hij zich alleen voelt. Op deze tekening motregent het.* Is de tekening klaar? *Zeker. Oh, een jongen zonder haar. Ik wil er haar bij zetten. Nee, nu gaan we iets anders doen.*

Een meisje (T4)

Ik teken een meisje ook zonder haar. Ze is 7 jaar. Met een dikke neus en een grote kop. Wat doet ze? *Die doet niks. Ze denkt aan de kapper omdat haar haar zo lang is tot de grond. Dat is niet leuk. Ze wil het wat korter. Ze is niet tevreden.* Wat heeft ze het meest nodig? *Een kapper. Hier is het bliksemweer. En nu geen tekeningen meer.*

❑ Bespreking

Toms *ontwikkelingsachterstand is duidelijk aanwezig* in zijn boomtekeningen. De omtreklijnen van de basistekening werden nog uitgevoerd met kleurpotloden. Men verwacht dat kinderen vanaf 6 jaar vertrekken van een potloodtekening. Vooral treffend is de infantiele vormgeving bij de boomtekeningen: ze vullen het ganse blad; er is een zeer sterk overwicht van een primitieve stam, de uitwerking van de kroon is zeer beperkt. Ook het inhoudelijk thema

Tekening T3

Tekening T4

is infantiel: er is een sterke nood aan orale invulling (drank). De kleurkeuze bij de jongenstekening is nog meer affectief dan realistisch bepaald.

Daarnaast zijn er nog meerdere tekens die wijzen in de richting van een *problematische separatie-individuatie.* Bij het inkleuren is het heen-en-weer-patroon van de lijnen nog zeer herkenbaar. Bij de boomtekeningen is de structurering van de ruimte te beperkt in verhouding tot zijn leeftijd: de bomen raken nog de elementen die zich in de lucht situeren. Volgens Haag zou een kind reeds vroeger in staat moeten zijn tot een betere afgrenzing, waarbij de boom beschikt over een open ruimte tussen bodem en lucht. Jumel (1996) suggereert, in navolging van Haag, na te gaan waar de precieze verbindingspunten tussen een voorwerp en de lucht zich situeren. Bij de eerste boom is er contact tussen de boom en de regenboog erboven. Het contrast met de andere boom is interessant. Boven deze boom is een grote regenwolk getekend maar duidelijk los van de boom. Deze boom roept door de wolk en de regen een wat depressieve sfeer op. Toch zegt Tom dat de boom veel water nodig heeft en blij is met de regen. Deze boom is ook twee jaar ouder dan de vorige. Had de regenboog de betekenis van een remmende bescherming, die hij nu in het beeld van de tweede boom van zich af heeft kunnen werpen? Is het loskomen tegelijk een verlies en een bevrijding? Is het loskomen slechts mogelijk ten koste van een verdere inperking van de kroon? De rechterkant van de kroon (toekomst) heeft plaats moeten ruimen voor de wolk en de regen. Ligt de problematische separatie-individuatie aan de basis van zijn problemen?

De menstekeningen brengen andere hypothesen aan de orde, die we vooral baseren op de behandeling van het hoofd en de haren. De jongen heeft geen haar. Tom constateert dit maar laat het zo. Bij de tekening van het meisje is het de haardos die overweegt in het beeld en die verhindert dat de figuur in contact komt met de realiteit. Het meisje zit opgesloten in haar haardos. Aan de linkerzijde blijft nog enige bewegingsruimte vrij voor de arm. Aan de rechterzijde is er een conflict tussen de plaats voor de haren en die voor de arm. In de stijl van de ledenpoptekening die hij nog maakt, zou dit door een jonger kind vermeden worden. De weg naar toekomstgerichte, energieke actie is dus afgesneden en problematisch. Voor meer affectief gekleurd contact (linkerzijde) blijft er wel nog een beperkte ruimte beschikbaar. We trachten nog wat verder te gaan op deze denkpiste. De haren kunnen verband houden met 'denken'. Dit roept het beeld op van gevangen zitten in gedachten. Is dit een beeld dat de gezinssfeer tekent vanuit moeders machteloze situatie en haar gevangen zitten in depressieve gedachten? De naar beneden gerichte haren, tot op de grond, sluiten hierbij aan. Het idee van de kapper als oplossing past in Toms infantiele denkstijl. Als we nu terugkeren naar de voorstelling van de jongen, dan zou het achterwege laten van de haren kunnen verwijzen naar een defensieve houding die gericht is op het vermijden van denken. Denken is immers in zijn ogen uitzichtloos. Het kleine hoofd dat ingetrokken tussen de schouders getekend wordt, wijst eveneens op zelfbescherming. De afwezigheid van haren roept, via het vermijden van denken, ook associaties op met de onverantwoordelijke houding van de vader. Is voor Tom de identificatie met die karaktertrek van zijn vader de enige weg die open blijft om minstens onbewust een (zelfdestructieve) band met zijn vader in stand te houden? Is dit de reden van zijn gevoel van alleen zijn? Toch staat de jongenstekening vrij in de ruimte, met krachtige naar buiten gerichte armen en steunend op stevige benen. Hij wil voetballer worden. Deze wens zou ons inziens een gunstige kanalisatie kunnen aanreiken voor de impulsieve, massieve en ongevormde kracht die naar voren kwam in de stam van zijn boomtekeningen en die hier in de rode kleur terugkeert. We keren nog even terug naar het beeld van de regenboog. Volgens Jumel is dit een bij uitstek ambivalent symbool, gebaseerd op het samenkomen van tegenstellingen (zon en regen). Het beveiligend (omvattend) beeld van een regenboog met zijn antidepressieve (kleurrijke) werking wordt, in het euforisch en kleurrijk beeld dat Tom oproept, slechts weergegeven door een drietal magere lijnen, die nauwelijks contrasteren met de frisgroene kroon. Is de regenboog voor hem meer een drukkende ballast dan een bescherming? Wil de enorme naar boven gerichte potentiële kracht van de boom die huid van zich afwerpen? De menstekeningen tonen in ieder geval aan dat Tom niet altijd zo groot tekent.

Samenvattend menen we dat Toms ontwikkelingsachterstand mogelijk een gevolg is van een conflictueuze inperking van ik-functies. Deze inperking kan gebaseerd zijn op een verstrengeld zitten in of afgeremd worden door de problematische gezinscontext. Hij is zeker gevoelig aan de omringende atmosfeer, zoals blijkt uit zijn referenties aan kosmische elementen zoals regen, zon, bliksem, regenboog. Zijn antwoord op de situatie is het blokkeren van zijn denken en het afremmen of stil zetten van verdere differentiatiemogelijkheden. Hij roept ook het beeld op van een slapende boom. Zijn ingesteldheid is ondermijnend ten aanzien van de latentie-ontwikkeling die op zijn leeftijd aan de orde zou moeten zijn. De problematische gezinscontext verhindert bovendien het voltooien van separatie-individuatietaken, zodat er te weinig energie beschikbaar is voor het schoolse leren, de adequate omgang met leeftijdsgenoten en de gezonde ontwikkeling van zijn identiteit als jongen. De hypothese omtrent dergelijke dynamiek hoeft echter zwakbegaafdheid niet uit te sluiten maar kan het effect ervan op de ontwikkeling wel versterken. De precieze toedracht zal verder getoetst moeten worden.

3. Besluit

We hebben getracht een waaier van illustraties aan te reiken die voldoende ruim is om de mogelijkheden van een aantal werkwijzen en invalshoeken vanuit de praktijk te belichten.

Aansluitend bij het contrast tussen de tekeningen van Johan en deze van Günther en Paul willen we nog enkele kanttekeningen formuleren bij hun niveau van symboliseren. Günther gebruikt symbolen op een lager niveau en veel massaler; hij is nog jong maar zijn symbolisatiemogelijkheden missen vooral stabiliteit. Hier zijn intuïtieve processen van de onderzoeker een belangrijk uitgangspunt om tot interpretatieve hypothesen aangaande het kind te komen. Bij Johan zagen we hoe zijn niveau van functioneren meer selectief vermindert onder invloed van bepaalde conflicten of angsten (muisje in de FID). We zagen ook aanwijzingen voor conflictueuze gevoelens rond autonomie. Bij Günther zien we daarentegen dat de autonomie in zijn geheel is aangetast of bedreigd.

Met de voorbeelden hebben we ook de aandacht willen vestigen op verschillende denkstijlen van kinderen op verschillende ontwikkelingsniveaus. We hebben proberen te verduidelijken hoe bij jonge kinderen een concrete picturale denkstijl overweegt en op een bijna magische wijze ervaringsaspecten evoceert of daarstelt (P1, G1). Maar ook op een hoger niveau komen dergelijke denkpatronen terug, meestal in verband met aspecten van de werkelijkheid die op een complexe manier worden aangevoeld maar niet verwoordbaar zijn. De tekeningen van Tom zijn hier een voorbeeld van. Maar we denken ook aan de tekening (J6) van het hert waar de afbeelding in vooraanzicht deze tekening beter geschikt maakt voor de expressie van ambivalentie. Bij deze tekening van een hert kon via het visuele kanaal dus andere informatie worden overgebracht dan via de eigenlijke symboolinhoud. De associaties verspringen hier. Bij Johan zagen we hoe hij niettegenstaande het verspringen van de associaties toch in staat blijft tot een integratie van de verschillende ervaringsdimensies: het symboolniveau kan ondanks de affectieve lading toch gehandhaafd blijven. Bij Günther ontstaat echter verwarring bij het veranderen van kanaal. Bij Johan draagt het veranderen bij tot de rijkdom en differentiatie van de expressie; bij Günther tot verarming ervan. Toch is het ook bij Johan zo dat we precies doorheen de meerlagigheid de beladenheid van het thema op het spoor komen. Complexe antwoorden zijn aldus meermaals een geprivilegieerde toegangspoort tot belangrijke aspecten van een kernconflict. Hier is de spanning tussen 'onthullen en verhullen'[5] het meest tastbaar aanwezig. Bij Rudy zagen we dan weer dat zijn problemen minder te maken hebben met het niveau van zijn symbolisatiemogelijkheden, maar meer met het ontbreken van de kracht om de gevoelslading te verdragen van de beelden die hem blijken te overspoelen.

Bij Rudy en Tom hebben we hun moeilijke levensomstandigheden mee betrokken bij de interpretatie, omdat bij hen de band tussen de intrapsychische dynamiek en de problematische context duidelijker aan de orde is. Maar ook voor de anderen moeten de hypothesen uiteindelijk geconfronteerd worden met het geheel van het onderzoek en met contextgegevens.

5. Cluckers (1990), zie ook II.2.

Slotbeschouwingen

Ons opzet was om doorheen een combinatie van ontwikkelingspsychologische en psychodynamische invalshoeken toe te werken naar een totaalbeeld omtrent de belevingswereld van een kind. Op de eerste plaats wilden we daarmee op het spoor komen van kindkenmerken om later op basis daarvan een genuanceerd therapie-aanbod te kunnen doen.[1] Het opzetten van een individueel onderzoek hebben we beschouwd als het installeren van een minirealiteit, waarin we processen van expressie, coping en afweer alsook de relationele schommelingen waarin ze zijn ingebed, willen observeren en in kaart brengen terwijl ze zich afspelen. We achten het dus van groot belang waar te nemen wat het kind doet in de relatie met de thema's die hem bezighouden en hoe zijn afweerstijl ook de hier-en-nu-relatie met de onderzoeker kleurt.

Toch hebben we minder stilgestaan bij het expliciteren van het aandeel dat de onderzoeker zelf kan hebben in het optimaliseren van het verloop van een onderzoek. Immers, de accenten die de onderzoeker legt in het relationele aanbod kunnen zowel helpend als belemmerend inwerken. Inzicht in deze fluctuaties laten toe de relationele en therapeutische bruikbaarheid van psychodynamische bevindingen in te schatten. Dit brengt ons bij het thema van de therapeutische hantering van het verloop van de picturale expressie in een onderzoekssituatie en tevens bij de vraag naar een kader voor de therapeutische hantering van tekeningen in het algemeen.

Voor een therapiegerichte diagnose achten wij het wenselijk om ook vertrouwd te zijn met de aspecten en problemen van therapeutische hantering. Dit is echter een apart en omvattend thema dat zowel inzicht vereist in groei- en verwerkingsmogelijkheden bij verschillende stoornissen en remmingen, alsook vertrouwdheid met therapeutische technieken om de mogelijkheden van een kind op een optimaal gedoseerde manier aan te spreken en te benutten. Pas

1. We laten de dynamiek die zich intussen ook afspeelt tussen het kind en zijn ruimere context hier even terzijde. Uiteraard moet ook op dit vlak een grondige evaluatie gebeuren en zal een therapie-aanbod slechts een constructieve bijdrage kunnen leveren in de mate dat het ook is afgestemd op de gevoeligheden in de context. Zie: Stiers & Cluckers (1996); Stiers & Sucaet (1997).

tegen die achtergrond kan men inschatten of het benutten van tekeningen een hulp kan zijn en hoe dit in het actuele verloop van de relatie ingepast kan worden. Enkele aspecten van therapeutische accenten die kunnen aansluiten bij schilderijen van kinderen in een individuele therapie werden door Smis (1990, 1994a, 1994b) op een verhelderende manier besproken. Toch blijft hier nog veel denk- en zoekwerk te doen.

Bij wijze van afsluiting willen we nog een kleine omzwerving doen langs enkele ontwikkelingsgebonden aspecten van de hantering van tekeningen en zo met een paar krijtlijnen schetsen welke richting ons zoeken naar een helpend kader uitgaat. Hierbij houden we zowel rekening met de inhoudelijke thema's van de tekeningen zelf als met de relationele dimensies die doorheen de activiteit van het tekenen aan de orde zijn. Tekeningen kunnen specifieke kansen bieden ter *ondersteuning van het proces dat men beoogt.*

Op een eerste niveau denken we hierbij aan de mogelijkheid om via tekeningen een aspect van ontwikkeling op een concrete, tastbare en toch symbolische manier bij te houden. Tekeningen laten immers een reëel spoor achter; ze kunnen letterlijk bewaard worden en er kan ook letterlijk naar teruggegrepen worden. Wanneer de ontwikkelingstaken rond separatie-individuatie onvoldoende bemeesterd zijn (jonge kinderen of conflictueus bepaalde onrijpheid), kan het bewaren van tekeningen helpen om de afwisseling tussen separatie en terugvinden te leren overzien. Tekeningen ondersteunen aldus een transitioneel proces en kunnen gevoelens van *continuïteit* en differentiatie bemiddelen. Jumel (1996) bespreekt de rol die tekeningen eveneens kunnen vervullen in de interacties tussen kinderen en hun schooljuf. Tekeningen die aan de juf geschonken worden, dragen, zonder dat ze inhoudelijk besproken worden, bij tot het afgrenzen en overstijgen van de grens tussen school en gezin. Of, met andere woorden, ze kunnen het contact met de buitenwereld vergemakkelijken.

Bij kinderen die vlug overstuur raken, helpt het wel eens wanneer de therapeut als blijk van *verbondenheid* meetekent. Het samen lustvol bezig zijn, elk op zijn blad, zonder intrusie van de ander, kan hen tot rust brengen en voor hen een concreet voelbare vertaling betekenen van een grondhouding van welwillendheid. Maar zelfs dit is niet altijd haalbaar en wordt door sommige kinderen doorkruist vanuit heftige nijdreacties, ook als de therapeut er zorgvuldig over waakt het niveau van het kind niet te overtreffen. Zo nabij is het voor hen moeilijk om zich naast de therapeut als een apart persoontje te blijven voelen. Toch kan dit het terrein zijn waarop vooruitgang geboekt wordt en kunnen ze geholpen worden om hun nood aan verbondenheid als een vraag naar de ander te richten. Sommige kinderen drukken hun nood aan verbondenheid echter uit in rigide pogingen om de therapeut volledig aan zich te onderwerpen. Ze trachten individuatie te vermijden en zoeken zich te nestelen in een deelhebben aan de therapeut. Hier moet op de eerste plaats het verlangen naar een echte relatie hersteld worden. Soms lukt dit door in een tekening een beperkte voorstelling van bevrediging op te roepen, zoals bijvoorbeeld bij Céline.[2] In een periode van grote twijfel aan zichzelf gaf ze in een rigide schooltjesspel aan de therapeut de dwingende opdracht een konijntje in het bos te tekenen. De twijfel bespreken was onmogelijk. Wel kon even het verlangen genoemd worden om zulke dingen zelf te kunnen tekenen. Als de therapeut dan een bos tekent met duidelijke wegen om de weg naar huis terug te vinden en een wortel om te eten, kan ze dit na enige aarzeling toelaten. Angsten kunnen niet besproken worden, maar ze laat toe dat iemand haar uit de verte een hand reikt. Op andere momenten, wanneer Céline aandringt op samen tekenen, moet de therapeut er nauwlettend op toezien haar niveau zeker niet te overtreffen omdat ze het meetekenen wil benutten als ondersteuning van haar eigen prestatie. In de therapie van Céline was er lang een erg alerte aandacht nodig voor het moeizame proces van het heropbouwen en instandhouden van *wederkerigheid*. Het installeren van een *transitionele ruimte* en het effenen van de weg voor een helpende symbolisatie was een eerste vereiste. Onderweg was het soms belangrijk de beelden die zij dwingend opriep, te helpen vasthouden door inderdaad de gevraagde tekening te maken maar tegelijkertijd ook te proberen ze om te buigen tot een positief aanbod door de tonaliteit ervan iets rijker te maken en af te stemmen op voorlopig onuitspreekbare noden.

Andere kinderen kunnen op momenten van oplopende spanning en vlucht in actie toch nog de uitnodiging van de therapeut accepteren om een tekening te maken, waardoor ze zo zelf de *actiespiraal even stopzetten*. Ook al zijn deze tekeningen misschien hoofdzakelijk gekenmerkt door het grijpen naar almachtige compensatorische voorstellingen, toch kunnen ze tegelijkertijd ook een zekere rust brengen die het kind weer even iets toegankelijker maakt in de relatie. Hier kan het helpend zijn om aan te sluiten bij het tekenen als het *volbrengen van een prestatie*. Vaak is daartoe veel aanmoediging en *gerichte ondersteuning* vanwege de therapeut vereist omdat deze kinderen zo weinig vertrouwen hebben in hun eigen kunnen.

Wanneer dergelijke basale thema's nog aan de orde zijn, moet men zeer omzichtig te werk gaan bij het exploreren en bespreken van inhoudelijke aspecten van de tekeningen. Meestal is het dan eerder wenselijk om via tegenoverdrachtelijke dimensies tekeningen aan te grijpen als een kanaal om in voeling te komen met onverwoordbare aspecten van hun ervaring.

Bij kinderen die wat verder gevorderd zijn in hun emotionele ontwikkeling, kan het tekenen een concreet realistisch proces zijn dat het ervaren, denken en voelen rond voorstellingen verscherpt. Hier is tekenen een soort focusing dus, *een middel dat het denken of mentaliseren gaande houdt*. Na elk 'raadplegen' van voorstellingen in functie van een project wordt als het ware een stap van het denken op papier vastgehouden, zodat de volgende stap in het zich voorstellen van daar af kan beginnen. Kinderen die op een dergelijke manier

2. Zie Meykens (1998).

kunnen stilstaan bij hun voorstellingen, kunnen vaak ook zelf spontaan bruikbare toelichtingen verschaffen bij hun tekeningen. Hun *tekeningen kunnen een hefboom zijn voor de exploratie van problemen en achtergronden, van gevoelens en fantasieën.* De thema's die zij picturaal en verbaal tot expressie brengen, vormen hier een helpende schakel in een associatieproces dat misschien slechts hortend en stotend voortschrijdt, soms stilvalt en toch weer op gang komt. Inzichten en associaties van de therapeut kunnen aansluitend hierbij op een gedoseerde manier aangereikt worden als een wissel die het kind toelaat weer op eigen kracht de verkenning verder te zetten van wat hem boeit of kwelt. Men gaat er hier dus van uit dat het aangeven van een richting, via vragen en zoekende interpretaties, het groeiproces kan verrijken.

Met het kort overlopen van deze thema's wilden we therapiegerichte diagnostiek duidelijker tot leven laten komen als een tussenfase van bezinning en zoeken, gericht op het uitstippelen van de weg waarlangs het delen van betekenissen mogelijk wordt en op een groeibevorderende manier gebruikt kan worden. Dergelijke diagnostiek moet ook tijdens een therapeutische fase nog verder gezet worden als achtergrond voor de volle ontplooiing van inzichten van kind en therapeut. Zo kan diagnostiek steeds opnieuw uitmonden in een model dat benut kan worden voor een denkbare ontmoeting rond gedeelde betekenissen in een reële relatie, met respect voor afweer en beperkingen en in aansluiting bij relevante thema's en persoonlijke stijl om er vorm aan te geven. De vele facetten van tekeningen kunnen bijdragen tot de rijkdom van een dergelijk proces dat ingezet wordt in de eerste diagnostische fase.

Literatuur

ABRAHAM, A. (1963), *Le dessin d'une personne.* Neuchatel, Delachaux Niestlé.

ABRAHAM, A. (1976), *Les identifications de l'enfant à travers ses dessins.* Toulouse, Privat.

ABRAHAM, A. (1979), L'évolution du dessin du personnage humain de deux à six ans. *Bulletin de Psychologie,* 32, 323-334.

ABRAHAM, A. (1979), Seminaire: le dessin d'une personne. Woluwe, 1979.

ANZIEU, D. (1960), *Les méthodes projectives.* Paris, PUF.

BACHERICH, M. & GRANOFF, V. (1991), À mille milles de toutes les terres habitées. *Nouvelle Rev. de Psychanal.,* 44, 231-250.

BARBEY, L., BERNARD-NEZ, J. & ANZIEU A. (1996), *Le travail du dessin en psychothérapie de l'enfant.* Paris, Dunod.

BEERY, K.E. (1989), *The VMI. Developmental Test of Visual-Motor Integration. Manual.* Cleveland-Toronto, Modern Curriculum Press.

BIERMANN, G. & KOS-ROBES, M. (1986), Die Zeichentests-Batterie. Baum-Mensch-Verzauberte Familie. *Praxis Kinderpsychol. Kinderpsychiat.,* 35, 214-222.

BRAKEL, L. (1993), Shall drawing become part of free association? Proposal for a modification in psychoanalytic technique. *J.Am.Psychoanal. Assn.,* 41, 359-394.

BREM-GRÄSER, L. (1970), *Familie in Tieren. Die Familiensituation im Spiegel der Kinderzeichnung.* München, Reinhardt Verlag (1ste uitgave: GRÄSER, L., 1957).

BUCK, O. (1970), *The House-Tree-Person Technique.* Revised manual. Los Angeles, Western Psychological Services.

CARON-PARGUE, J. (1987), Dessin et signification chez l'enfant. *Archives de Psychologie,* 55, 99-103.

CLAWSON, A. (1962), *The Bender Gestalt Test for young children.* Manual. California, WPS.

CLUCKERS, G. (1985), Diagnostiek en indicatiestelling bij kinderen met emotionele en gedragsmoeilijkheden: een psychodynamisch model. In: PONJAERT, I. & VERTOMMEN, H. (Eds.), *Therapiegerichte diagnostiek.* Leuven, Acco, 39-55.

CLUCKERS, G. (1990), Als een noot in haar dop. Boekbespreking van: W. SMIS, *Beelden kunnen spreken.* Brugge, Die Keure, 1989, in: *De Standaard.*

CORMAN, L. (1967), *Le test du dessin de famille.* Paris, PUF.

COX, M. (1993), *Children's drawings of the human figure.* Hove/Hillsdale, LEA.

COX, M. & MAYNARD, S. (1998), The human figure drawings of children with Down syndrome. *British Journal of Developmental Psychology,* 16, 133-137.

DEBIENNE, M.C. (1973), *Le dessin chez l'enfant.* Paris, PUF.

DECOBERT, S. & SACCO, F. (1995), *Le dessin dans le travail psychanalytique de l'enfant.* Ramonville Saint-Agne, Erès.

DOLTO, F. (1984), *L'image inconsciente de corps.* Paris, Seuil.

DOLTO, F. (1989), *L'échec scolaire. Essais sur l'éducation.* Paris, Ergo Press.

DUTHIE, R. (1985), The adolescent's point of view: Studies of forms in conflict. In: FREEMAN, N.H. & COX, M.V. (Eds.), *Visual order.* Cambridge, Cambridge University Press, 101-120.

FENSON, L. (1985), The transition from construction to sketching in children's drawings. In: FREEMAN, N.H. & COX, M.V. (Eds.), *Visual order.* Cambridge, Cambridge University Press, 375-384.

FISHER, K. e.a. (1990), How emotions develop and how they organise development. *Cognition and Emotion,* 4, 81-127.

FLECK-BANGERT, R. (1995), *Kinderen tekenen. Ontwikkeling en achtergronden.* Rotterdam, Lemniscaat.

FREEMAN, N.H. (1980), *Strategies of representation in young children: Analysis of spatial skills and drawing processes.* London, Academic Press.

FREEMAN, N.H. (1987), Current problems in the development of representational picture-production. *Archives de Psychologie,* 55, 127-152.

FREEMAN, N.H. & COX, M.V. (Eds.) (1985), *Visual order. The nature and development of pictorial representation.* Cambridge, Cambridge University Press.

FURTH, G. (1991), *Tekeningen. Beeldtaal van het onbewuste.* Rotterdam, Lemniscaat.

FURY, G., CARLSON, E. & SROUFE, A. (1997), Children's representations of attachment relationships in family drawings. *Child Development,* 68, 1154-1164.

GARDNER, H. & WOLF, D. (1979), First drawings: Notes on the relationships between perception and production in the visual arts. In: NODINE, C.F. & FISHER, D.F., *Perception and pictorial representation.* Praeger special studies. New York, Praeger, 361-387.

GOODENOUGH, F. (1926), *Measurement of intelligence by drawings.* New York, Harcourt, Brace & World.

GRÄSER, L., zie BREM-GRÄSER.

HAAG, G. (1990), Le dessin préfiguratif de l'enfant: quel niveau de représentation? *Journal de la Psychanalyse de l'Enfant,* 8, 91-121.

HAAG, G. (1995), La constitution du fond dans l'expression plastique en psychanalyse de l'enfant. Sa signification dans la construction de la psyché. In: DECOBERT, S. & SACCO, F. (1995), *Le dessin dans le travail psychanalytique de l'enfant.* Ramonville Saint-Agne, Erès, 63-87.

HAAG, G. (1996), Entre figure et fond: quelques aspects de la symbolique dans l'organisation du dessin des enfants de 2 à 6 ans. In: RAFFIER-MALOSTO, J. (Ed.), *Le dessin de l'enfant.* Saint-Etienne, Dumas, 149-172.

HALPERN, F. (1975), Child case study: A troubled eight year old. In: HAMMER, E.F., *The clinical application of projective drawings.* Illinois, Thomas.

HAMMER, E.F. (1975), *The clinical application of projective drawings.* Illinois, Thomas.

HANDLER-SPITZ, E. (1988), Picturing the child's inner world of fantasy. On the dialectic between image and word. *Psa Study Child.,* 43, 433-447.

HANDLER-SPITZ, E. (1988), The artistic image and the inward gaze: Toward a merging of perspectives. *Psychoanal. Rev.,* 75, 111-128.

HERMAND-BERNARD, D. (1988), *Le dessin du bateau et l'enfant.* Toulouse, Erès.

JOLLES, I. (1964), *A catalog for the qualitative interpretation of the H.T.P.* California, WPS.

JUMEL, B. (1996), Le dessin offert à la maîtresse: en quête d'une mémoire. In: RAFFIER-MALOSTO, J. (Ed.), *Le dessin de l'enfant.* Saint-Etienne, Dumas, 305-323.

KELLOG, R. (1969), *Analizing children's art.* Palo Alto, National Press Books.

KOCH, K. (1949), *Der Baumtest.* Bern, Huber.

KOPPITZ, E. (1968), *Psychological evaluation of children's human figure drawings.* New York, Grune & Stratton.

KOPPITZ, E. (1984), *Psychological evaluation of human figure drawings by middle school pupils.* London, Grune & Stratton.

KOS, M. & BIERMANN, G. (1973), *Die verzauberte Familie. Ein tiefenpsychologischer Zeichentest.* Munchen/Basel, Reinhardt Verlag.

LECOURS, S. & BOUCHARD, M.A. (1997), Dimensions of mentalisation: Outlining levels of psychic transformation. *Int. J. Psycho-Anal.,* 78, 855-875.

LEVY, S. (1975), Projective figure drawing. In: HAMMER, E., *The clinical application of projective drawings.* Illinois, Thomas.

LUQUET, P. (1979), Notes sur quelques problèmes posés par la sublimation dans l'art pictural. *Rev. franç. Psychanal.,* 5-6, 901-922.

MACHOVER, K. (1949), *Personality projection in the drawings of the human figure.* Springfield/Illinois, Thomas.

MEYKENS, S. (1965), *De test 'Familie in Tieren' van L. Gräser.* K.U.Leuven, ongepubliceerde licentiaatsverhandeling, onder leiding van prof. A. Kriekemans.

MEYKENS, S. (1998), Simultane behandeling van moeder en kind bij verstoorde hechtingsprocessen. *Kinder- & Jeugdpsychotherapie,* 25, 3-21.

MEYKENS, S. & CLUCKERS, G. (1999-2000), *Initiatie in relatiehantering. Principes van observatie en gespreksvoering bij kinderen.* Practicumnotities, K.U.Leuven.

MILNER, M. (1976), *L'inconscient et la peinture.* Paris, PUF. Vertaling van: *On not being able to paint* (1957), London, Heineman.

MUSSCHOOT, F. & DEMEYER, W. (1974), *De boomtekening: een ontwikkelingspsychologische studie.* Brussel, Editest.

OGDEN, T.H. (1985), On potential space. *Int.J.Psychoanal.,* 66, 129-141.

OSTERRIETH, P. & CAMBIER, A. (1976), *Les deux personnages: l'être humain dessiné par les garçons et les filles de 6 à 12 ans.* Bruxelles, Editest.

PINTO, G. & BOMBI, A. (1996), Drawing human figures in profile: A study of the development of representative strategies. *The Journal of Genetic Psychology,* 157, 303-327.

RAFFIER-MALOSTO, J. (Ed.) (1996), *Le dessin de l'enfant.* Saint-Etienne, Dumas.

RAVEN, J. (1951), *Controlled projection for children.* London, Lewis.

ROSE, G. (1964), Creative imagination in terms of ego 'core' and bounderies. *Int. J. Psychoanal.,* 45, 75-84.

ROSE, G. (1980), The power of form. A psychoanalytic approach to aesthetic form. In: *Psychological Issues. Monograph 49,* New York, Int. Univ. Press.

ROYER, J. (1977), *La personnalité de l'enfant à travers le dessin du bonhomme.* Bruxelles, Editest.

ROYER, J. (1989), *Le dessin d'une maison. Image de l'adaptation sociale de l'enfant.* Issy-les Moulineaux, EAP.

ROYER, J. (1995), *Que nous disent les dessins d'enfants?* Marseille, Hommes et Perspectives.

RYCROFT, C. (1957), Symbolism and its relation to primary and secondary processes. *Int.J.Psychoanal.*, 37, 137-146.

SMIS, W. (1989), *Beelden kunnen spreken.* Brugge, Die Keure.

SMIS, W. (1990), Het gebruik van het schilderij in de psychoanalytische kindertherapie. Mondelinge voordracht.

SMIS, W. (1994a), Concrete Ik-steun bij het vrij schilderen in kindertherapie. In: CLUCKERS, G., *Andere therapeuten, andere wegen. Variaties op het thema Ik-steun.* Leuven/Apeldoorn, Garant, 31-55.

SMIS, W. (1994b), Schilderen in psychotherapie: op zoek naar betekenis en gebruik. *Tijdschrift voor Orthopedagogiek, Kinderpsychiatrie en Klinische Kinderpsychologie*, 19, 176-186.

STERN, D. (1985), *The interpersonal world of the infant.* New York, Basic Books.

STIERS, H. & CLUCKERS, G. (1996), Kindertherapie in elk gezin? Indicatiestelling voor individuele kinderpsychotherapie vanuit gezinsdynamisch perspectief. *Tijdschr. Psychother.*, 22, 227-243.

STIERS, H. & SUCAET, M. (1997), De poppen aan het dansen voor het spel begint. Ouderlijke ambivalentie in de vraag naar kindertherapie. In: CLUCKERS, G. & CAMBIEN, J. (Red.), *Het externe en het interne gezin.* Leuven, Garant, 19-51.

STORA, R. (1975), *Le test du dessin de l'arbre.* Paris, Delarge.

SUCAET, M. (1990), *Kindertekeningen.* Mondelinge uiteenzetting, Leuven, K.A.V.

THOMAS, G. & SILK, A. (1990), *An introduction to the psychology of children's drawings.* New York/London, Harvester Wheatsheaf. Ned. vert.: *De psychologie van kindertekeningen.* Amsterdam/Lisse, Swets & Zeitlinger, 1993.

TISSERON, S. (1985), *Tintin chez le psychanalyste.* Paris, Aubier-Archimbaud.

TISSERON, S. (1987), *Psychanalyse de la bande dessinée.* Paris, PUF.

TISSERON, S. (1990), *Tintin et les secrets de famille.* Paris, Séguier (réédit Aubier, 1992).

TISSERON, S. (1994), Schèmes d'enveloppe et schèmes de transformation à l'oeuvre dans l'image. In: ANZIEU, D. et coll., *L'activite de la pensée.* Paris, Dunod, 41-67.

TISSERON, S. (1995a), *Psychanalyse de l'image. De l'imago aux images virtuelles.* Paris, Dunod.

TISSERON, S. (1995b), Traces-contact, traces-mouvement et schèmes originaires de pensée. In: DECOBERT, S. & SACCO, F., *Le dessin dans le travail psychanalytique de l'enfant.* Ramonville Saint-Agne, Erès, 117-132.

TISSERON, S. (1996a), *Le bonheur dans l'image. Les empêcheurs de penser en rond.* Paris, Dunod.

TISSERON, S. (1996b), Les premières traces: aux origines de la symbolisation. In: RAFFIER-MALOSTO, J. (Ed.), *Le dessin de l'enfant.* Saint-Etienne, Dumas, 239-252.

URBAN, W. (1963), *The Draw-a-Person-Catalog for interpretative analysis.* California, WPS.

VANDAMME, G. (1999), *Separatie-individuatieprocessen in tekeningen en stripverhalen. De visie van S. Tisseron. Literatuurstudie.* K.U.Leuven, ongepubliceerde licentiaatsverhandeling onder leiding van prof. dr. G. Cluckers.

VANDENDRIESSCHE, G. (1976), Psychoanalyse en wetenschappelijke toetsing. In: *De Mens zichzelf een taak. Liber amicorum A. Kriekemans.* Tielt/Amsterdam, Lannoo, 187-219.

VANDENDRIESSCHE, G. (1980), Het betekenisrooster als hermeneutisch instrument voor wetenschappelijke psychoanalytische interpretatie. In: *Gedrag, dynamische relatie en betekeniswereld. Liber amicorum J.R. Nuttin.* Leuven, Universitaire Pers, 357-373.

VANDENDRIESSCHE, G. (1991), Psychoanalyse en hermeneutiek. *Psychol.Belg.*, 30, 67-105.

VERSCHUEREN, L. (1993), *Het huisthema in de therapie van een 11-jarige jongen met vroegkinderlijke poblematiek: betekenis en evolutie.* K.U.Leuven, specialisatieverslag bij de postgraduaatopleiding in de kinderpsychotherapie.

VERSCHUEREN, R. (1995), Tekening en seksueel trauma. *Tijdschrift voor Orthopedagogiek, Kinderpsychiatrie en Klinische Kinderpsychologie,* 20, 12-24.

VUAGNAT, F. & MARET-COGEVAL, J. (1996), Processus de transformation et fonction de représentation dans le dessin de l'enfant. In: RAFFIER-MALOSTO, J. (Ed.), *Le dessin de l'enfant.* Saint-Etienne, Dumas, 351-373.

WESTREICH, S., PANNIER, L. & PONJAERT, I. (1992), De kindertekening als diagnostisch instrument: een onderzoek naar de 'Familie-in-dieren'-test. *Tijdschrift voor Orthopedagogiek, Kinderpsychiatrie en Klinische Kinderpsychologie,* 17, 128-144.

WIDLÖCHER, D. (1965), *L'interprétation des dessins d'enfants.* Brussel, Dessart.

WILLATS, J. (1987), Marr and pictures: An information processing account of children's drawings. *Archives de Psych.*, 55, 105-125.

WINNICOTT, D. (1971), *Therapeutic consultations in child psychiatry.* New York, Basic Books.

WINNICOTT, D (1971), *Playing and reality.* New York, Basic Books.

WINNICOTT, D (1989), The squiggle game. In: WINNICOTT, D. & WINNICOTT, C., *Psychoanalytic explorations.* London, Karnac Books, 299-317.

YAMAGATA, K. (1997), Representational activity during mother-child interaction: The scribbling stage of drawing. *British Journal of Developmental Psychology,* 15, 355-566.